MOINS STRESSÉ !

W0337060

Hugo Image

Ouvrage dirigé par Nadia Ivanova

34-36, rue La Pérouse
75116 - Paris
www.hugopublishing.fr

ISBN : 9782755677096
Dépôt légal : octobre 2024
Imprimé en Chine

Après une année extrêmement difficile et stressante, nous avons tous besoin de repos, de calme, de paix et d'harmonie. Nos âmes ont besoin de se retrouver, nos corps ont besoin de se ressourcer. Plongez dans notre éphéméride *Un conseil par jour pour être moins stressé* pour vous faire du bien et pour évacuer toutes les tensions accumulées durant ces derniers mois. Massages relaxants, alimentation équilibrée, méditation, yoga, astuces zen, médecines douces... tout ce dont vous rêvez afin de repartir sur de nouvelles bases positives !

“ La vraie générosité envers l’avenir consiste à tout donner au présent. ”

Albert Camus

Se relaxer en mangeant des féculents !

La pomme de terre a des propriétés apaisantes ! Cuisinez-la en recette rapide et délicieuse, pour vous relaxer, mais également pour prendre de l'énergie avant un après-midi sportif : commencez par mélanger 20 g de fleur de maïs, une pincée de ciboulette et un demi-verre de lait. Râpez ensuite 400 g de pommes de terre et 100 g de fromage dans un récipient adéquat. Poêlez l'ensemble en formant une galette. Vous pouvez ajouter des oignons et un œuf au mélange si le cœur vous en dit. Et maintenant, régalez-vous !

“ Personne n'a vécu dans
le passé, personne ne vivra
dans le futur ; le présent est
le mode de toute vie. ”

Arthur Schopenhauer

Définissez vos valeurs !

Vos valeurs sont les principes qui guident votre vie et définissent votre comportement. Pour les identifier, réfléchissez aux moments où vous vous êtes senti le plus satisfait et confiant. Quelles étaient les valeurs que vous honoriez à ce moment-là ? Créez une liste de ces valeurs fondamentales et réfléchissez à la façon dont elles influencent vos décisions et vos actions. L'alignement de votre vie avec ces valeurs vous procurera une plus grande harmonie et satisfaction.

2

JANVIER

8 h 48 — 17 h 02

St Basile

« Le malheur peut être
un pont vers le bonheur. »

Sagesse zen

Sortez, oxygénez-vous !

L'hiver nous semble parfois interminable : le froid, le temps gris, l'envie de rester sous la couette… Pas seulement ! Profitez du calme ambiant pour vous offrir une balade détente. Les paysages enneigés et le ciel pur reposent l'esprit. Prenez l'air, et appréhendez l'hiver sous le signe de l'évasion.

3

JANVIER

☀ 8 h 47 ☀ 17 h 03

Ste Geneviève

“ Ne laisse personne venir
à toi et repartir sans être
plus heureux. ”

Mère Teresa

Une chose à la fois

Faire une chose à la fois
permet de se plonger entièrement
dans ce que vous faites et de le réaliser
à fond. C'est accorder votre attention
au moment présent et le vivre.
C'est agir dans le lâcher-prise.

4

JANVIER

8 h 47 17 h 04

St Odilon

« Le moment présent
est la piste désignée à tout
nouveau départ. »

Louis-Marie Parent

Le dégommage de luxe

Alors, vous êtes stressé ? Et si on passait aux choses sérieuses… mais de manière fun ? Pensez à un endroit où tout est permis : démolir, écraser, pulvériser ! Oui, on parle de prendre une batte de base-ball et d'envoyer valser cette imprimante qui vous nargue depuis trop longtemps. Et pourquoi pas jouer au lanceur de pétanque, mais avec l'écran TV comme cible ? C'est ça l'esprit des « rage rooms » ! Elles fleurissent partout pour nous laisser exprimer notre Hulk intérieur, se défouler et ensuite, sortir avec un sourire niais, complètement vidé.

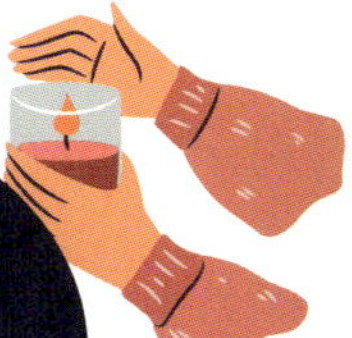

5

JANVIER

8 h 47 — 17 h 05

St Édouard

« Le calme vient
après la tempête. »

Proverbe populaire

Un bain de camomille

Pour vous régénérer et vous relaxer complètement, pensez au bain de camomille. Faites infuser pendant 20 minutes une grosse poignée de camomille dans un litre d'eau bouillante. Puis, filtrez le liquide obtenu et versez-le dans l'eau de votre bain. Il ne vous reste plus qu'à savourer une demi-heure de sérénité !

“Le commencement
de bien vivre,
c'est de bien écouter.”

Plutarque

Halte à la colère

Pour combattre la colère, essayez cette méthode bouddhiste : posez-vous pendant quelques minutes pour l'analyser et la situer physiquement. Est-elle située dans votre tête, votre poitrine ou votre coeur ? Puis, donnez-lui une couleur selon votre ressenti : jaune, verte, bleue... Ensuite, enlevez-lui le pouvoir de vous dominer !

7

JANVIER

8 h 46 17 h 07

St Raymond

“ Vous ne pouvez pas
empêcher les oiseaux
de la tristesse de voler au-dessus
de vos têtes, mais vous pouvez
les empêcher de faire leurs
nids dans vos cheveux. ”

Proverbe chinois

Éliminer les odeurs tenaces

Après un repas comme une raclette, les odeurs persistantes peuvent s'attarder. Plutôt que d'ouvrir toutes les fenêtres, pourquoi ne pas utiliser un brûle-parfum pour une solution plus douce ? Allumez une bougie sous une coupelle contenant de l'eau et ajoutez quelques gouttes d'huile essentielle de votre choix. Cela ne nettoiera pas seulement l'air, mais diffusera également une fragrance agréable qui enveloppera votre espace. Voilà une manière élégante et efficace de rafraîchir votre maison !

8

JANVIER

8h46 07h08

St Lucien

“ Qui veut changer trouvera toujours une bonne raison pour changer. ”

André Maurois

Arrêtez de vous plaindre !

Arrêtez de croire que votre vie est si problématique et compliquée ! En Occident, nous avons tendance à facilement oublier la solidité de notre vie, de notre quotidien, le bonheur, l'essentiel… Nous nous focalisons souvent sur ce qui ne va pas. Il est temps de rééquilibrer la balance : dès à présent, dressez une liste de 10 choses qui vont bien dans votre vie.

“ Des passions qui entraînent
les êtres, seul se libère l'homme
qui se maîtrise. ”

Johann Wolfgang von Goethe

S'aimer pour encaisser

En période creuse, on a rapidement tendance à se déprécier et à ne plus pouvoir se voir dans une glace. Il devient impératif d'apprendre à s'accepter à nouveau, sous peine de ne jamais pouvoir encaisser une seule réflexion, peu importe son origine…
Commencez par prendre une feuille et un stylo et listez vos qualités (celles que vous vous reconnaissez et celles que l'on vous prête).

10
JANVIER
8h45 17h11
St Guillaume

“ Dans tous les cas,
l’espérance mène plus
loin que la crainte. ”

Ernst Jünger

Des soirées bienfaisantes

Planifiez des retrouvailles mensuelles avec vos amis ou votre famille. Que ce soit pour un dîner, un jeu de société ou simplement pour discuter, ces moments sont essentiels pour se ressourcer émotionnellement et maintenir des liens forts.

11

JANVIER

8 h 44 — 17 h 12

St Paulin

“ La motivation vous sert de départ. L'habitude vous fait continuer. ”

Jim Ryun

Le burn-out parental

Soyez vigilant car oui,
le burn-out parental existe bel
et bien, fort malheureusement. Cela se
produit fréquemment dans des familles
monoparentales où souvent la mère porte tout
sur ses épaules : enfants, éducation, ménage,
courses, soucis et tout le reste. Ce déséquilibre
peut épuiser la personne au point de ne plus
avoir de l'énergie pour quoi que ce soit et de
tomber en déprime significative.

12

JANVIER

8 h 44 — 17 h 14

Ste Tatiana

« Le sens de la vie est la plus pressante des questions. »

Albert Camus

Quelques perles de sagesse à méditer !

- Prenez le temps d'écouter votre respiration, vous entendrez le souffle de l'Univers.
- Montrer le partage, c'est montrer que le peu a plus de valeur que le beaucoup.

“Les bébés sont sans peur,
sans trouble, sans complication,
ils sont très libres, ils jouent
franchement, honnêtement,
sans aucune attache.”

Taisen Deshimaru

La marche quotidienne

Engagez-vous à marcher au moins 30 minutes par jour. Non seulement cela améliore votre condition physique, mais marcher, surtout dans la nature, est un puissant antidépresseur naturel qui booste votre humeur et votre énergie.

14
JANVIER
8 h 42 17 h 17
Ste Nina

« Sept fois à terre,
huit fois debout. »

Proverbe japonais

Chassez la fatigue

Chaque jour, l'effort ponctuel comme l'exercice quotidien amassent des tensions dans vos bras et vos mains. Détendez-les par des massages et des étirements qui remettront de l'ordre dans vos énergies.

“ Plus grand est l’obstacle,
plus grande est la gloire
de le surmonter. ”

Molière

Réconciliez-vous avec les énergies !

Le Feng Shui vous apprend à organiser votre intérieur : dans la cuisine, évitez de laisser en vue les couteaux ou d'accrocher tout autre objet coupant. De même, prenez garde à la disposition de vos toilettes : les énergies Yin de l'eau souillée ne doivent pas être situées à l'étage, au-dessus des eaux de cuisson.

16

JANVIER

8 h 41 — 17 h 19

St Marcel

“ Étant philosophe,
j'ai un problème pour
chaque solution. ”

Robert Zend

Créer un espace paisible chez soi

Transformez votre chambre en un havre de paix. Utilisez des couleurs apaisantes, des matériaux naturels, et gardez l'espace rangé et minimaliste pour favoriser une bonne nuit de sommeil.

17

JANVIER

☀ 8 h 40 · 17 h 21

Ste Roseline

“ La richesse consiste bien
plus dans l’usage qu’on en fait
que dans la possession. ”

Aristote

Le plein d'énergie grâce aux oméga-3

Différentes études ont montré que les personnes qui consomment beaucoup de produits de la mer sont moins sujettes à des déprimes ou des dépressions. Comment expliquer cela ? Tout simplement par la présence d'oméga-3 dans tous ces produits. En effet, plus le taux d'oméga-3 dans votre organisme est élevé, moins vous souffrirez d'un état dépressif… Alors, pour chasser les idées noires, mangez des huîtres, du saumon, du maquereau… mais aussi des noix ou des légumes verts à feuilles (mâche, chou, etc.) !

“ Les heures sont faites
pour l'homme et non les
hommes pour les heures. ”

Proverbe italien

A méditer

Le vide est la forme,
la forme est le vide…

« L'avenir nous tourmente,
le passé nous retient,
c'est pour ça que le présent
nous échappe. »

Gustave Flaubert

Planification positive

Utilisez votre agenda pour programmer des rappels de bien-être personnel. Notez des affirmations positives, des objectifs de croissance personnelle, et des temps de réflexion pour garder votre esprit centré et motivé. Souriez à la vie chaque jour à 15 h, cela vous dit ?

20
JANVIER

8 h 37 · 17 h 25

St Sébastien

« Les gagnants trouvent des moyens, les perdants des excuses. »

Franklin D. Roosevelt

Défoulez-vous sans danger

Essayez les sports de combat !
Vous apprendrez les bases pour vous défendre en cas de menace tout en canalisant votre énergie. Vous limiterez les situations d'énervement dans la vie quotidienne et vous vous sentirez bien plus serein ! Préférez un sport sans risques, dit de self-défense, tel que le krav maga. C'est l'assurance de vous défouler sans danger !

21
JANVIER
8 h 36 – 17 h 27
Ste Agnès

« L'homme qui ne se contente pas de peu ne sera jamais content de rien. »

Épicure

Changez de sucres

Les sucres lents sont parfaits pour avoir de l'énergie, mais les sucres rapides, si délicieux en bouche et si appréciés par notre cerveau, créent vite une frustration dès que la sensation s'estompe ! Pour varier les plaisirs et limiter le sucre rapide, préférez le miel, la stévia, le sirop de coco ou le sirop d'agave au sucre blanc.

22
JANVIER
8 h 35 17 h 29
St Vincent

« Si vous ne pouvez pas encore faire de grandes choses, faites de petites choses de façon remarquable. »

Napoleon Hill

Stimulez votre cerveau avec le yoga

Essayez des postures de yoga qui favorisent la circulation et améliorent la concentration, comme la posture de la demi-chandelle, aussi connue sous le nom de « Viparita Karani ». Comment faire ? On repose sur le dos avec les jambes levées verticalement contre un mur ou simplement en l'air, supportées par les mains placées sur les hanches. Cette position favorise la relaxation, améliore la circulation sanguine et aide à réduire le stress et la fatigue.

23
JANVIER

8 h 34 — 17 h 30

St Barnard

“ L’effort librement consenti rend libre. ”

Louis Nucéra

Détendez vos muscles

Assis ou debout, maintenez votre bras gauche en tension et inspirez profondément. Bloquez la respiration en tenant la posture pendant une dizaine de secondes. Relâchez ensuite le bras en expirant profondément. Reproduisez le geste avec le bras droit, en prenant le temps de ressentir les muscles avant de relâcher. Continuez avec les deux jambes et bouclez l'exercice avec une tension de tout le corps. Que ressentez-vous ? Prenez le temps d'accueillir et d'accepter les sensations.

« C'est en trébuchant
qu'on apprend
à marcher. »

Proverbe bulgare

Soignez vos poignets

Si vous êtes souvent au volant, veillez à prendre soin de vos poignets. Voici un petit exercice simple et très efficace à effectuer pour prévenir les raideurs du poignet : commencez par allonger les bras vers l'avant, étirez ensuite tous vos doigts vers l'arrière en continuant à étirer les bras dans la direction opposée. Pour finir, secouez vos mains jointes l'une à l'autre en entrecroisant les doigts. Pensez-y lors des longs trajets en voiture !

25

JANVIER

8 h 32 17 h 33

Conversion de St Paul

« Lâchez prise.
Apprenez à suivre le flot
des changements qui surviennent.
Devenez plus flexible
et détendez-vous. »

Bhante Henepola Gunaratana

Des week-ends bien mérités

Organisez vos week-ends pour inclure du temps pour les activités de loisirs sans surcharger chaque minute. Laissez de l'espace pour l'imprévu et pour vous détendre vraiment, réduisant ainsi le stress accumulé pendant la semaine.

26
JANVIER
8h31 17h35
Ste Paule, Ste Pauline

“ Tout effort est un crime,
parce que toute action
est un rêve paralysé. ”

Fernando Pessoa

Bye-bye le passé !

Si des émotions et des souvenirs douloureux vous guettent, écrivez tout ce qui vous passe par la tête sur une feuille. Videz votre sac en racontant tous les détails de ce qui vous tracasse. Puis, brûlez la feuille ou prenez le temps de la déchirer morceau par morceau. La purification sera puissante...

27

JANVIER

8 h 29 · 17 h 37

Ste Angèle

“Plutôt que de penser
à ce que tu n’as pas,
pense à ce que tu peux faire
avec ce que tu as.”

Ernest Hemingway

Maquereau aux pommes

Comme tous les poissons gras, le maquereau est riche en oméga-3 qui ont fait leurs preuves sur le système nerveux, les troubles de l'humeur et le vieillissement du cerveau.

- Nettoyez 8 maquereaux et enlevez-leur l'arête centrale. Badigeonnez-les avec de l'huile d'olive, salez, poivrez et faites-les cuire sous le grill du four.
- Nettoyez 6 pommes, coupez-les en tranches épaisses et faites-les revenir dans du beurre.
- Servez les maquereaux accompagnés des pommes et d'une purée de pommes de terre.

28

JANVIER

8 h 28 · 17 h 38

St Thomas d'Aquin

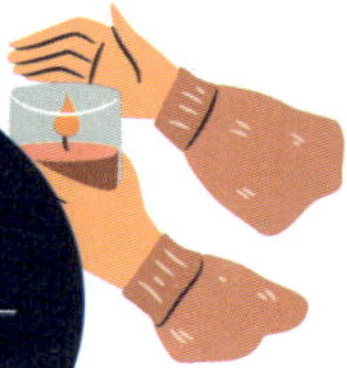

“ La vie serait impossible
si l’on se souvenait, le tout est
de choisir ce qu’on doit oublier. ”

Roger Martin du Gard

Câlinothérapie féline

Ah, le monde merveilleux des matous ! Figurez-vous qu'il existe des cafés où les chats sont rois et vous pouvez *chillaxer* à leurs côtés. En plein cœur de la ville, ces lieux magiques vous permettent de siroter votre café en compagnie de ces petites créatures ronronnantes.

Ce n'est pas juste mignon, c'est carrément thérapeutique ! Un petit ronron ici, une caresse de poil soyeux là, et voilà que le stress prend la porte. Les chats, avec leur cool attitude et leur zenitude naturelle, sont les pros pour vous faire passer en mode détente. Un vrai moment miaou pour se reconnecter et souffler un peu.

« Le bonheur c'est lorsque vos actes sont en accord avec vos paroles. »

Gandhi

En êtes-vous capable ?

Si vous parvenez à apprécier
de manière désintéressée les objets
et les gens, le monde qui vous entoure
prendra vie et forme de façon bien
différente de celle que le mental
a l'habitude de percevoir.

“ Pour moi il n’y a que d’heureux présages, car quoi qu’il arrive, il dépend de moi d’en tirer du bien. ”

Epictète

L'essentiel est dans l'huile

Savez-vous qu'une simple
odeur permet de vous détendre
et d'atténuer votre nervosité ? Versez
dans un brûle-parfum quelques gouttes
d'huile essentielle d'ylang-ylang ou bien
de la lavande d'Angustifolia afin de
vous relaxer et de réduire vos angoisses.
N'hésitez pas à le mettre dans votre
chambre afin de bien dormir.

31
JANVIER
8 h 24 17 h 43
Ste Marcelle

“ On ne peut pas chasser
le brouillard avec
un éventail. ”

Proverbe japonais

Profitez de l'hiver

Arrêtez de vous morfondre parce qu'il fait froid et regardez la vie sous un autre angle : habillez-vous chaudement et profitez des opportunités de vous promener en plein air ! L'hiver et sa beauté vous offriront des sensations visuelles insoupçonnées !

« Il n'y a qu'une morale :
vaincre tous les obstacles
qui nous empêchent
de nous surpasser. »

Louis Pauwels

Respirez mieux en hiver : les bienfaits de l'eucalyptus

Pour combattre le froid hivernal, diffusez des vapeurs d'eucalyptus dans votre maison et votre bureau. L'eucalyptus est excellent pour libérer les voies respiratoires. Vous pouvez aussi mettre une goutte d'huile essentielle sur un mouchoir pour bénéficier de ses bienfaits où que vous soyez.

2

FÉVRIER

☀ 8 h 22 ☀ 17 h 46

Présentation du Seigneur

“ Il n'y a pas de honte
à préférer le bonheur ! ”

Albert Camus

Vous êtes votre propre maître

Posez-vous la question : comment voulez-vous vous sentir ? Préférez-vous être triste et déprimé ou bien ressentir la joie et être heureux ? C'est aussi simple que cela. La solution au bonheur est en vous, il suffit de déterminer comment vous voulez vous sentir pour changer votre vie. La seule personne qui crée des tragédies dans votre vie, c'est vous-même, car vous décidez d'éprouver la désespérance et la solitude. Essayez de changer, vous verrez une énorme différence.

3

FÉVRIER

8 h 21 — 17 h 48

St Blaise

« L'absent s'éloigne chaque jour. »

Proverbe japonais

En pleine conscience

Ce soir, avant de dormir, fermez les yeux et allongez-vous confortablement sur le dos. Portez votre attention sur les différentes parties de votre corps, du bas vers le haut : pieds, jambes, abdomen, torse, bras, mains, tête, etc. Le but de cet exercice est de ressentir toute l'énergie vitale présente dans chaque partie de votre organisme. Ensuite, laissez votre attention parcourir l'ensemble de votre corps, comme une vague des pieds à la tête, puis inversement.

4

FÉVRIER

8 h 19 — 17 h 49

Ste Véronique

“ L’homme est parfois
assez fou pour préférer
le chagrin à l’oubli. ”

Maurice Chapelan

Le plan B pour souffler

Alors, vous sentez la pression monter avec le boulot ? Tentez le coup de la diversion intelligente ! L'idée est de trouver un petit truc sympa, un plan B, pour se détourner des galères quotidiennes. Prenons un cas concret : jeudi arrive et avec lui, son lot de réunions et de pression de la part des chefs. Pourquoi ne pas s'organiser un petit plaisir après le boulot, genre resto avec votre moitié ou une séance cinéma ?
L'idée, c'est de se créer un moment de plaisir qui joue comme une lumière au bout du tunnel. Pendant votre journée de folie, vous aurez cette petite bulle de bonheur à l'horizon qui vous permettra de tenir le coup. Ça vous aide à décompresser avant même que le stress n'atteigne son pic, et à garder le moral.

« Vous avez eu la chance
unique de prendre forme humaine.
S'il vous plaît, ne perdez pas
votre temps. »

Dogen Zenji

La phrase du jour

Si vous ne voulez plus
être jugé par les autres,
commencez par cesser
de vous juger !

6

FÉVRIER

8 h 16 17 h 53

St Gaston

“La voix de Dieu est silencieuse,
elle exerce une pression infiniment
légère, jamais irrésistible,
Dieu ne donne pas des ordres,
il lance des appels...”

Paul Evdokimov

Le mot magique

Pensez à dire « merci » dès que l'occasion se présente : la reconnaissance est au coeur de toutes les religions, de toutes les spiritualités. Remercier aide à s'ouvrir aux autres, à détourner l'attention de l'ego, à partager, échanger, transmettre... Accepter de faire partie du monde permet de se focaliser sur les choses positives de la vie.

“ L’obstination est le chemin
de la réussite. ”

Charlie Chaplin

L'alimentation pleine conscience

Voici un concept intéressant pour ceux qui veulent repenser leur manière de manger : le « mindful eating », ou l'alimentation en pleine conscience. Cela se distingue radicalement des repas avalés à la hâte. Cette approche vous invite à prêter une attention particulière à vos sensations durant le repas, à suivre consciemment le trajet des aliments que vous ingérez, et à identifier les émotions liées à cette expérience. Alors, ce verre de jus d'orange, vous le sentez descendre ? Imaginez son trajet et toutes les vitamines dont il vous remplit, cela vous fera le plus grand bien !

8

FÉVRIER

8 h 13 17 h 56

Ste Jacqueline

“ Quand le présent est si absorbant, qui pourrait se tourmenter de l’avenir ? ”

Robert Louis Stevenson

Persillez vos plats

Le persil regorge d'antioxydants qui protègent contre le stress oxydatif, responsable de plusieurs maladies mentales comme la dépression et l'anxiété. De plus il est très riche en caroténoïdes, en flavonoïdes et en huiles volatiles, tous des puissants antioxydants. Faites donc du persil votre herbe alliée contre les tensions et les tracas du quotidien.

9

FÉVRIER

8 h 12 — 17 h 58

Ste Apolline

“Tout est pareil,
tout est distinct.”

Sagesse populaire

Comment atteindre le bonheur ?

Placez votre mental au service de ce qui vous tient à cœur. Une fois votre mental engagé, vos émotions s'organiseront autour du même but, puis de vos pensées, vos énergies et tout votre corps. Lorsque vous arrivez à canaliser tout votre être dans la même direction, vous découvrez votre capacité de création.

> Il faut perdre la moitié
> de son temps pour pouvoir
> employer l'autre.

John Locke

Établir des objectifs alignés

Fixez des buts qui sont en parfaite harmonie avec vos valeurs et votre sens de la vie. Ces objectifs doivent être spécifiques, mesurables, atteignables, réalistes et temporellement définis (SMART). Ils devraient non seulement vous défier mais aussi vous exciter et vous motiver à avancer. En définissant des objectifs qui reflètent vos croyances et aspirations les plus profondes, chaque pas vers leur réalisation sera enrichissant et plein de sens.

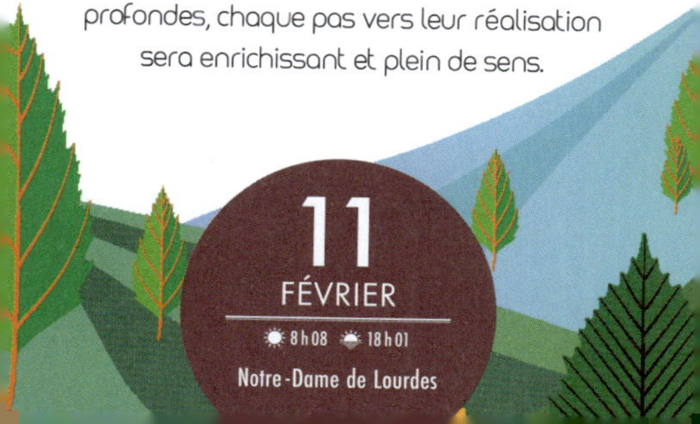

11

FÉVRIER

8 h 08 — 18 h 01

Notre-Dame de Lourdes

“ Toute chose a deux anses :
l'une par où on peut la porter,
l'autre par où on ne le peut pas.
Si ton frère a des torts, ne le prends
pas du côté où il a des torts, ce serait
l'anse par où on ne peut rien porter.
Prends-le plutôt par l'autre, te rappelant
qu'il est ton frère, qu'il a été nourri
avec toi et tu prendras la chose
par où on peut la porter. ”

Épictète

Osez le changement

Se remettre en question n'est pas forcément négatif, bien au contraire. Prendre le temps de réfléchir sur sa vie, d'analyser ce qui ne va pas, permet d'agir de manière réfléchie et non pas impulsive. Le changement peut contribuer au bonheur. Le fait de se lancer de nouveaux défis et de nouvelles ambitions stimule la motivation et fait du bien au moral.

12

FÉVRIER

8h07 18h03

St Félix

« L'avenir,
tu n'as pas à le prévoir,
tu as à le permettre. »

Antoine de Saint-Exupéry

Les astuces incontournables

Pour un bien-être durable,
faites attention à ce que vous mangez.
Privilégiez les sucres lents (céréales,
pâtes, riz), les protéines (poisson, volaille,
viandes maigres) et les légumes verts
et agrumes, bourrés de vitamines. Oubliez
bonbons, alcool, cigarettes, café ou thé qui
ne procurent qu'un bien-être éphémère
et renforcent votre sensibilité
aux pressions extérieures.

13
FÉVRIER

8h05 18h04

Ste Béatrice

« Comment décider
ce qui est bon ou mauvais ?
Il faut apprendre à écouter
son cœur, il connaît
toutes les réponses. »

Anonyme

L'emmaillotage pour adultes : un retour aux sources

L'emmaillotage, souvent associé au confort des nourrissons, trouve un nouvel écho chez les adultes avec l'*otona maki*, ou « emmaillotage pour adultes ». Cette méthode japonaise utilise un grand drap élastique pour envelopper l'individu en position fœtale, offrant une expérience d'enveloppement intégral. Contrairement à l'emmaillotage pour bébés, ici, l'adulte est doucement bercé de côté à côté pendant environ vingt minutes. Destiné à la relaxation et au soulagement de douleurs dorsales, l'*otona maki* se pratique dans des centres spécialisés au Japon. Curieux de cette pratique ? Pour l'instant, il faudrait l'explorer par soi-même en France, car il n'existe pas encore de centre dédié sur le territoire...

14
FÉVRIER
8 h 03 — 18 h 06
St Valentin

« Nul n'est parfait ici-bas ;
le soleil lui-même
a ses taches. »

Proverbe indien

Renforcez votre énergie solaire

Pour attirer le regard sur votre énergie positive, réveillez vos ondes solaires en portant un pendentif brillant, des boucles d'oreilles éclatantes ou une barrette claire sur une chevelure foncée : ces touches de lumière sur le haut du corps mettront en valeur votre côté dynamique et rassureront votre interlocuteur.

15
FÉVRIER
8h01 18h08
St Claude

« Je ne perdrai pas
mon temps à essayer
de prolonger ma vie. »

Claude Pujade-Renaud

Faire semblant d'être calme…

Faire semblant d'être calme pour rester zen à tout prix alors que vous bouillez à l'intérieur n'est pas une solution ! Ce n'est d'ailleurs pas du tout recommandé ! Se défouler sur la personne qui vous met dans cet état non plus ! Ce que vous devriez faire, c'est vous « desidentifier » de vos émotions.

“ Impossible est un mot
que je ne dis jamais. ”

Jean-François Collin d'Harleville

Le pouvoir relaxant du baiser

Le baiser n'est pas seulement un geste d'affection, c'est aussi un véritable atout pour la détente. Les bienfaits du baiser sur le bien-être sont même appuyés par la science. Lorsque nous embrassons, notre corps libère des endorphines, ces hormones du bonheur qui aident à réduire le stress. Alors, pour une pause détente, n'hésitez pas à échanger des baisers avec votre partenaire.

17
FÉVRIER
7 h 58 18 h 11
St Alexis

« Appréciez d'échouer,
et apprenez de l'échec,
car on n'apprend rien
de ses succès. »

James Dyson

Quelques perles de sagesse à méditer !

S'ignorer soi-même est aussi grave
que d'ignorer les autres !

Il est inutile de courir après la paix,
il suffit de se laisser rattraper
par la paix.

18
FÉVRIER
7 h 56 · 18 h 13
Ste Bernadette

“ Et mort, on n’est pas
mieux dans l’or que
dans la boue. ”

Claude de L’Estoile

Brochettes de poulet Tandoori

Délicieuse, la chair de poulet renferme des quantités non négligeables d'acides aminés, de fer, de zinc et de phosphore. Les épices sont d'excellents antioxydants. Coupez 400 g de blanc de poulet en petits morceaux et laissez-les mariner 3 heures dans un mélange de 2 yaourts nature, de sel, de poivre et 2 cuillerées à soupe d'épices Tandoori. Enfilez les morceaux de poulet sur des brochettes et faites-les cuire à la poêle ou sur le barbecue.

19
FÉVRIER

7 h 57 18 h 14

St Gabin

“ Tu as l’avantage
sur la colère quand
tu te tais. ”

Sagesse égyptienne

Le yaourt, un allié contre le stress ?

Le yaourt pourrait bien devenir une alternative naturelle aux médicaments comme le Prozac, d'après des recherches menées par l'université de Cork en Irlande. L'étude révèle que la souche bactérienne *lactobacillus rhamnosus*, présente dans certains yaourts, a un impact positif sur le comportement des souris. Elle réduit les niveaux de l'hormone du stress, permettant ainsi aux petits rongeurs de rester plus calmes. Ce probiotique agit en favorisant l'adhésion aux récepteurs du GABA, un neurotransmetteur apaisant, et communique avec le cerveau via le nerf vague. Ces découvertes suggèrent que le yaourt pourrait être utilisé pour aider à traiter naturellement l'anxiété et la dépression.

20
FÉVRIER

7 h 52 18 h 16

Ste Aimée

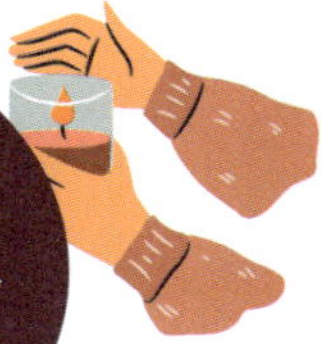

“ Si le problème
a une solution, il ne sert
à rien de s'inquiéter. Mais s'il
n'y a pas de solution, s'inquiéter
ne changera rien. ”

Proverbe populaire

Stop aux ballonnements !

Pour combattre et prévenir les ballonnements, surveillez votre alimentation et évitez tout ce qui favorise la production de gaz intestinaux. Évitez les aliments irritants pour les intestins sensibles : choux, haricots secs, navets, oignons et laitages. Consommez des fruits, légumes et céréales afin d'améliorer le transit intestinal.

“ Le travail acharné
et l’extrême indigence
triomphent de tout. ”

Virgile

Restez zen !

Stress, colère, surmenage, pensées négatives, manque de sommeil, etc. sont souvent les responsables de notre addiction envers les gâteaux et les confiseries, aliments acidifiants par excellence. Pour retrouver calme et zen attitude, tournez-vous vers la méditation, écoutez des musiques relaxantes et surtout, pensez à respirer par le ventre !

“ Aimer autrui ne signifie pas que nous devons nous oublier. ”

Sagesse populaire

Le travail, source surprenante de bien-être ?

Contrairement à l'idée reçue que le travail est forcément source de stress, une étude de la Harvard Business School suggère le contraire. Il semblerait que les individus occupant des postes à responsabilités élevées affichent des niveaux d'hormones de stress plus bas, et sont moins enclins à l'anxiété et au burn out. L'explication tiendrait au sentiment de puissance et de maîtrise de la situation que ces responsabilités procurent. Ainsi, une charge de travail accrue pourrait en réalité stimuler et motiver, plutôt que d'engendrer une sensation d'écrasement.

23
FÉVRIER
7 h 47 18 h 21
St Lazare

“ Sur un cerisier mort,
on ne trouve pas de fleurs. ”

Proverbe japonais

Abaissez votre seuil de tolérance au stress

Plus vous diminuerez votre seuil de tolérance au stress, moins vous en subirez ! Il vous viendra alors des idées magnifiques pour apprendre à gérer le peu de stress qui reste !

“ Le présent n'est pas
un passé en puissance,
il est le moment du choix
et de l'action. ”

Simone de Beauvoir

Stop aux blocages

Pour lever les blocages énergétiques et apaiser rapidement les tensions accumulées dans le visage et la partie avant du corps, massez légèrement, pendant quelques minutes, le point situé au milieu du menton.

25
FÉVRIER

7 h 43 18 h 24

St Roméo

“ L'échec est l'épice qui donne
sa valeur à la réussite. ”

Truman Capote

Une mise en action consciente

L'action consciente signifie intégrer vos valeurs et objectifs dans chaque aspect de votre vie quotidienne. Cela peut aller de la manière dont vous interagissez avec les autres, à vos choix de carrière, et à vos habitudes quotidiennes. Chaque décision et action doit être un reflet conscient de votre chemin de vie. Cette pratique vous aide à vivre de manière authentique et à construire une existence qui reflète votre essence véritable.

26
FÉVRIER
7 h 41 18 h 26
St Nestor

« L'homme se fait ; il n'est pas tout fait d'abord, il se fait en choisissant sa morale, et la pression des circonstances est telle qu'il ne peut pas ne pas en choisir une. »

Jean-Paul Sartre

Oui au tri

Incapables de trancher, on stocke
sans cesse et on finit par étouffer.
Les garde-robes, les tiroirs, les maisons
reflètent notre profonde inquiétude.
Si l'on se respectait davantage,
on refuserait d'être pollué par autant
de choses inutiles, on refuserait
la surconsommation.

27
FÉVRIER

7 h 39 — 18 h 27

Ste Honorine

“ Avoir un but trace la vie. ”

Lao Tseu

Réinventez vos mots de passe pour réduire le stress

Étonnamment efficace, le changement de mots de passe peut devenir un outil puissant pour gérer votre stress. Pensez à la fréquence à laquelle vous saisissez vos mots de passe chaque jour. En les modifiant, vous pouvez influencer votre comportement et votre état d'esprit. L'idée est d'utiliser cette action répétitive pour renforcer des affirmations positives ou des objectifs personnels. Créez des mots de passe qui sont des rappels de calme ou d'objectifs apaisants, comme « Jesuisheureux » ou « J'aimemavie ». Cela peut être une manière originale et quotidienne de vous encourager à rester zen.

28

FÉVRIER

7 h 37 — 18 h 29

St Romain

« Le vrai bonheur ne dépend
d'aucun être, d'aucun objet extérieur.
Il ne dépend que de nous... »

Proverbe zen

Les phrases magiques

Répétez-vous plusieurs fois par jour
les phrases suivantes :
— Je mérite d'être heureux !
— Je peux tout réussir !
— Je me pardonne !
— J'ai le pouvoir d'évoluer !
— Je mérite d'être aimé !
— Je m'aime sans conditions !
— Je suis comme je suis,
et je m'accepte !

“Mais c’est curieux tout de même comme nous vivons parmi des gens pressés.”

Albert Camus

Définir et aligner son chemin de vie

Pour atteindre un état de zen et de bonheur durable, il est crucial de découvrir et de comprendre le but profond de votre existence. Cette quête de sens vous invite à réfléchir aux raisons fondamentales de votre présence sur Terre, et à aligner vos actions avec vos croyances, valeurs et objectifs personnels.

2
MARS

☀ 7 h 32 ☀ 18 h 32

St Charles le Bon

> Dans 20 ans, vous serez
> plus déçu par les choses que
> vous n'avez pas faites que
> par celles que vous avez faites.
> Alors sortez des sentiers battus.
> Mettez les voiles. Explorez.
> Rêvez. Découvrez.

Mark Twain

En harmonie avec la nature

Tout un programme : associer les murmures de la nature à des extraits musicaux, c'est ce que vous propose la musicothérapie. Inconsciemment, vous ouvrirez vos canaux de communication. Après une phase d'apaisement et de relaxation, l'organisme est redynamisé. Écoutez le vent, l'eau ou les oiseaux : un pur instant de détente.

“Mettez-vous toujours
à la place de l’autre. Renoncez
un temps à vos opinions, à vos
jugements afin de le comprendre.
Bien des conflits peuvent
ainsi être évités.”

Sagesse populaire

Le vert

Si vous êtes à la recherche
de calme et souhaitez apaiser
vos nerfs, optez pour le vert !
Le vert est la couleur de l'équilibre,
de l'harmonie, de la nature. Il calme,
réconforte, détend et est idéal
pour combattre l'insomnie.

“Il faudrait essayer d'être heureux, ne serait-ce que pour donner l'exemple.”

Jacques Prévert

L'effet apaisant du rangement

Il est étonnant de voir comment un bon ménage peut éclaircir non seulement notre espace de vie, mais aussi notre esprit. Trier et organiser nos affaires, nettoyer notre habitat, peuvent s'avérer être de véritables activités anti-stress. Lorsqu'on élimine le désordre autour de nous, on réduit aussi le chaos intérieur, comme la frustration de ne pas trouver un document important. En plus de calmer notre esprit, ces tâches domestiques ont l'avantage non négligeable de nous faire bouger et de brûler quelques calories !

5

MARS

7 h 26 · 18 h 37

Ste Olive

“Trop tendue, la corde casse.”

Proverbe français

Mieux respirer pour être calme

Fixez un point précis en assurant une respiration ventrale. Au bout de 2 minutes, fermez les yeux et posez vos paumes contre vos oreilles. Inspirez par le nez, lentement, et retenez votre souffle. Expirez ensuite par le nez, tout en créant un bourdonnement aigu avec vos cordes vocales à la manière d'une abeille. Renouvelez l'exercice une dizaine de fois.

6
MARS
7 h 24 18 h 39
Ste Colette

“Demain est la chose
la plus importante de la vie.
Il nous arrive à minuit encore
tout propre. Quand il arrive, il est
parfait et il se blottit dans nos
mains en espérant que l'on a tiré
quelque leçon de la veille.”

John Wayne

Les humeurs des couleurs

Les couleurs sont yin ou yang :

- Orange : Yang. Énergie rayonnante. Enthousiasme, curiosité, favorise les changements de cycle.
- Noir : Yin. Énergie d'intériorité. Épure, gravité, favorise le sens de la mesure.
- Blanc : Yang. Énergie de la pureté. Clarté mentale, sobriété, favorise l'ouverture de l'esprit.

7
MARS
7 h 22 18 h 40
Ste Félicité

- Rouge : Yang. Énergie concrète. Sensualité, ardeur, favorise les échanges passionnés.
- Jaune : Yang. Énergie du renouveau. Transformation, libération, favorise le travail intellectuel.
- Vert : Yin. Énergie de sérénité. Quiétude, abondance, favorise les initiatives justes.
- Bleu : Yin. Énergie spirituelle. Sérénité, intuition, favorise l'ouverture de la conscience et du cœur.
- Marron : Yin. Énergie d'ancrage. Confort, sécurité, favorise la réflexion pragmatique.

Méditer sur la mortalité pour réduire le stress

Bien que cela puisse paraître sombre, réfléchir à notre mortalité peut en fait avoir des effets bénéfiques sur notre comportement et notre bien-être mental. Car conscientiser notre finitude peut nous aider à relativiser et à mieux gérer les situations stressantes. Cette perspective peut transformer notre vision des événements de la vie, en les remettant dans un contexte plus large, ce qui aide à réduire l'anxiété. La conscience de la mort peut même encourager des comportements plus altruistes, comme une plus grande ouverture envers les autres.

“ La nature nous a donné
une langue et deux oreilles,
afin que nous écoutions le double
de ce que nous disons. ”

Zénon

Connaissez-vous les cerises acérola ?

Très concentrées en vitamine C, elles contiennent 100 % plus de vitamine C que les oranges ou les citrons. En consommer tous les jours assure une quantité de vitamine C qui améliore l'humeur générale et augmente l'énergie.

9

MARS

7 h 18 18 h 43

Ste Françoise

“ Quand on rentre
en soi-même, on s'aperçoit
qu'on possède exactement
ce que l'on désirait. ”

Simone Weil

Qu'est-ce que la non-résistance ?

La non-résistance ne veut pas dire être faible, être lâche ou se placer dans l'inaction. C'est une haute forme de sagesse et de lâcher-prise consciente… Les actions ne sont plus des réactions. Pensez aux arts martiaux : ne pas résister à la force de l'adversaire est une technique pour mieux triompher.

“Celui qui regarde longtemps
les songes devient semblable
à son ombre.”

Proverbe indien

Les bienfaits des caresses animales sur le stress

Avoir un animal de compagnie, comme un chat ou un chien, et prendre le temps de le caresser chaque jour peut être très bénéfique pour votre bien-être émotionnel. Ces interactions simples favorisent la libération de sérotonine et d'ocytocine, des hormones qui renforcent les liens affectifs et diminuent le stress. Des études ont même conduit à l'idée de favoriser la présence d'animaux dans les lieux de travail pour améliorer le bien-être des employés. Donc, que vous ayez votre propre animal ou que vous en rencontriez un dans la rue, prendre un moment pour une petite caresse peut être un véritable anti-stress.

11

MARS

7h14 18h46

Ste Rosine

“Celui qui ploie sous
un fardeau en connaît
seul le poids.”

Proverbe indien

La pierre du soleil

Le rubis est la pierre précieuse
du soleil, elle apporte de l'énergie,
du dynamisme, de l'estime de soi
et des relations positives. Portez-le
en pendentif, à la hauteur du centre
de votre poitrine, au niveau
du chakra du coeur.

12
MARS
7 h 11 18 h 48
Ste Justine

“ J'ai appris que le courage
n'est pas l'absence de peur, mais
la capacité de la vaincre. ”

Nelson Mandela

Faites la diète du « no-conso » !

Si vous estimez que notre société crée des besoins inutiles et des dépendances de toute sorte, dites non à la surconsommation polluante en vous engageant pendant une semaine à suivre un régime « no conso ». Très politiquement incorrect mais très sain spirituellement. Laissez la télévision éteinte, n'achetez que le strict minimum, accordez-vous du temps pour ne rien faire, dites non à la consommation industrielle… Vous verrez, cette semaine vous transformera !

13
MARS
7 h 09 18 h 49
St Rodrigue

« Tout le monde savait
que c'était impossible à faire.
Un jour est arrivé quelqu'un
qui ne le savait pas,
et qui l'a fait. »

Winston Churchill

Astuce anti-stress : l'abécédaire chanté

Pour alléger votre stress, pourquoi ne pas composer une chanson amusante et créative en utilisant l'alphabet ? Chaque lettre vous donnera le début d'une phrase ou d'une idée, formant ainsi les paroles de votre chanson. Voici un exemple pour débuter :

A : Attention, une avalanche de sourires arrive !

B : Bonheur à l'horizon, je sens que je vais briller.

C : Chaque chant me fait vibrer le cœur.

D : Danser sous la pluie, quel délice !

14

MARS

☀ 7 h 07 ☀ 18 h 51

Ste Mathilde

“ Nous avons tous
assez de force pour supporter
les maux d’autrui. ”

François de La Rochefoucauld

De l'eau, oui, mais pas n'importe laquelle !

Forcément, il est primordial de s'hydrater avec 1,5 litre environ chaque jour. Mais même en été, préférez l'eau à température ambiante puisqu'elle est beaucoup plus digeste que l'eau froide ou glacée. Sachez que l'eau froide perturbe les fonctions de l'estomac et peut provoquer des spasmes et des douleurs.

“La vraie valeur
d’un homme se définit
en examinant dans quelle
mesure et dans quel sens il est
parvenu à se libérer du Moi.”

Albert Einstein

Une cure de bien-être

Faites du hammam votre allié ! Il s'agit d'une des pratiques les plus bienfaisantes pour votre corps et pour votre esprit. En plus de ses propriétés relaxantes, vous sentirez les effets physiques dès la première séance : problèmes de peau, tensions musculaires, difficultés respiratoires, insomnies... Autant de soucis qui s'évaporeront dans les vapeurs chaudes et relaxantes !

16

MARS

☀ 7h03 ☀ 18h54

Ste Bénédicte

« Mon passe-temps favori,
c'est laisser passer le temps,
avoir du temps, prendre son
temps, perdre son temps,
vivre à contretemps. »

Françoise Sagan

La danse sous la pluie

Oubliez les parapluies et laissez-vous aller à danser sous la pluie. Cette activité libératrice peut être incroyablement thérapeutique. Laissez la pluie laver votre stress et renouez avec votre enfant intérieur. C'est une manière poétique et quelque peu romanesque de se déconnecter des soucis quotidiens.

17
MARS

☀ 7h01 ☀ 18h56

St Patrick

« Rester en colère,
c'est comme saisir un charbon
ardent avec l'intention de le jeter
sur quelqu'un ; c'est vous
qui vous brûlez. »

Bouddha

Les vertus du pollen

Certains y sont allergiques, mais le pollen a plus d'une vertu. Il vous aide à combattre le manque d'énergie ou d'appétit, la fatigue, la déprime ou encore l'insomnie. Il vous confère tonus et vitalité. À chaque saison, faites une cure de pollen pendant 3 semaines. Prenez-en 1 cuillerée à soupe rase le matin à jeun et le midi avant le déjeuner, en mastiquant longuement avant de l'avaler.

18

MARS

6 h 59 18 h 57

St Cyrille

“Donnez à vos pensées
une chance de se calmer.
Puis sentez votre esprit
aussi limpide qu'un
étang immobile.”

Bouddha

Dormir à poings fermés

Dormir occupe le tiers de notre vie : chouchoutons d'autant plus notre sommeil. Avant de vous coucher, préférez tisanes, bains aux huiles essentielles aux excitants, afin d'avoir le sommeil le plus réparateur possible. Il vous permettra de récupérer votre santé mentale et physique, en augmentant la production de cellules de votre corps.

19
MARS

6 h 57 — 18 h 59

St Joseph

“Il faut apprendre à rester serein au milieu de l’activité et à être vibrant de vie au repos.”

Gandhi

Cure détox de printemps : simple et rafraîchissante

Saluons le printemps avec une cure détox en toute simplicité. Pendant les trois premiers jours, éliminez caféine, alcool, sucre et produits laitiers. Hydratez-vous avec de l'eau et des tisanes dépuratives. Ensuite, pour les trois jours suivants, incorporez des smoothies verts et des légumes vapeur à vos repas. Concluez la semaine avec une journée de bouillons clairs et de jus dilués. Une petite marche quotidienne embellira cette période de renouveau. Voilà, vous êtes prêt à profiter du printemps avec énergie et légèreté !

20

MARS

6 h 55 19 h 00

Printemps • St Herbert

“ On apprend peu par
la victoire, mais beaucoup
par la défaite. ”

Proverbe japonais

Les célébrations saisonnières

Introduisez des rituels annuels qui célèbrent le changement des saisons. Organisez une fête de printemps, une soirée d'été sous les étoiles, une cueillette de pommes en automne, et une soirée au coin du feu en hiver. Ces traditions créent des pauses bienvenues dans le rythme rapide de la vie moderne.

21

MARS

☀ 6 h 53 ☀ 19 h 02

Ste Clémence

> Gaspille ton argent,
> il profitera à d'autres.
> Gaspille ton temps, il sera
> perdu pour tous.

Proverbe populaire

De petites choses

Mère Teresa aimait à répéter :
« L'homme ne peut pas accomplir de grandes choses sur cette terre. Mais il peut accomplir de petites choses avec amour. »

« Quand on ne peut revenir
en arrière, on ne doit se préoccuper
que de la meilleure façon
d'aller de l'avant. »

Paulo Coelho

Pourquoi être serein au volant ?

1. Vous assurez votre sécurité et celle des autres !
2. La conduite rapide est extrêmement stressante : votre tension monte, vos mains s'agrippent au volant, vos yeux fatiguent…
3. Vous n'arriverez pas plus vite à destination si vous avez un accident !

23
MARS

6 h 48 19 h 05

St Victorien

“Connaître une chose
et en vivre une autre est
une erreur, un contresens.
À partir de là, une tension apparaît.
Elle est due au conflit de la pensée
et du sentiment.”

Swâmi Prajnânpâd

Soyez obstiné !

Être têtu n'est pas une qualité. Mais être tenace en est une ! Ne pas lâcher lorsque vous ressentez que vous pouvez y arriver, lorsque votre coeur vous guide, est un réel potentiel de l'être ! Croyez en vous, en votre force, en votre bonne étoile !

« Qu'est-ce que le temps ?
Si personne ne me le demande,
je le sais ; mais si on me le demande
et que je veuille l'expliquer,
je ne le sais plus. »

Saint Augustin

Lorsque le sommeil ne vient pas

Si vous n'arrivez pas à trouver le sommeil tout de suite, ne vous agacez pas en répétant « Je veux dormir, je veux dormir ». Ne ruminez pas mais rallumez la lumière, allez boire un verre d'eau, mettez-vous une petite musique douce... Acceptez de ne pas arriver à dormir, ce n'est pas si dramatique si cela vous arrive occasionnellement.

25

MARS

6 h 44 · 19 h 08

St Humbert

“Un ennemi acquis
sans effort, c'est un trésor
surgi dans la maison ; il doit
m'être cher, cet auxiliaire de
ma carrière spirituelle.”

Proverbe populaire

Des châteaux de sable en intérieur

Pourquoi attendre d'être à la plage ? Créez un petit espace chez vous pour construire des châteaux de sable. Cela peut stimuler la créativité et apporter un sentiment de calme et de concentration, tout en rappelant des souvenirs joyeux de l'enfance. Et si vous avez des enfants, chose sure, ils vont adorer !

26

MARS

6 h 42 19 h 09

Ste Larissa

“Ne rien livrer au hasard,
c’est économiser du travail.”

Antoine Albalat

Une santé de fer !

Le fer est essentiel pour la formation de globules rouges et le transport de l'oxygène dans notre sang. L'absorption de cet oligo-élément est facilitée par l'apport journalier en vitamine C. Mais heureusement, il n'y a pas que le steak saignant pour nourrir votre corps en fer !

Par exemple, variez votre alimentation en consommant des légumes secs. Un délicieux houmous préparé à base de pois chiches mixés, d'un poivron et assaisonné d'une cuillerée d'huile d'olive contient plus de vitamine C que la plupart des agrumes. Attention aux idées reçues ! Les épinards ont une faible teneur en fer et les acides qu'ils contiennent en bloquent l'assimilation !

“C’est en ayant tué
la colère qu’on peut dormir
en paix.”

Bouddha

Pour tordre le cou de l'ego

Une manière assez « facile » pour faire taire l'ego, même si c'est une des tâches les plus difficiles, c'est de rendre service à quelqu'un sans le dire à personne. En d'autres mots, faire du bien en secret. Ne pas espérer de la reconnaissance est une très bonne façon d'en finir avec l'ego et ses travers.

“Ne blâme pas Dieu d’avoir créé le tigre, mais remercie-le de ne pas lui avoir donné d’ailes.”

Proverbe indien

L'atelier des marionnettes

Confectionner des marionnettes à partir de matériaux recyclés peut être une manière insolite de déstresser. Non seulement cela encourage la créativité, mais manipuler ces marionnettes pour raconter des histoires peut aussi être un exutoire expressif très satisfaisant. Essayez de raconter votre vie ou votre état actuel à travers la marionnette, vous verrez, c'est bien libératoire.

29
MARS
6 h 36 19 h 14
Ste Gladys

“ Le bonheur est une petite
chose que l'on grignote, assis
par terre, au soleil. ”

Jean Giraudoux

Tenez-vous droit

C'est important d'avoir une bonne assise pour ne pas souffrir de douleurs dorsales. Pour ce faire, asseyez-vous toujours bien droit au fond de votre siège et veillez à ce que vos genoux et coudes soient perpendiculaires. Ainsi, vous éviterez également les tensions dans votre nuque.

30
MARS

6 h 34 19 h 15

St Amédée

“ Ne sous-estime jamais tes capacités. ”

Quentin Boulay

Êtes-vous réveillé ?

Êtes-vous assez réveillé pour voir la beauté que la nature nous offre ? Êtes-vous capable de saisir l'immensité de la mer, de contempler les nuages, d'admirer une fleur, de vous unir avec les arbres ? Pouvez-vous suivre le vol d'un oiseau ou comprendre le travail d'une fourmi ? Savez-vous raconter leur histoire, décrire leur beauté ? Essayez, vous constaterez la magie de la vie dans toute sa splendeur. Un spectacle époustouflant.

31

MARS

6 h 32 19 h 17

St Benjamin

« Il faut avoir une conviction totale dans son propre chemin spirituel, alliée à un respect parfait envers les autres vérités. »

Proverbe zen

N'oubliez pas les petites attentions

N'oubliez pas les fêtes
et les anniversaires de vos
proches. Ces attentions
vous transforment lorsque
vous les témoignez
le coeur ouvert.

1er

AVRIL

7 h 30 20 h 18

St Hugues

“ Le sentiment de la profonde solitude individuelle qui est le lot de tant de vies humaines ne peut être diminué que si l'individu prend le risque d'être davantage lui-même face aux autres. ”

Carl R. Rogers

Exercice de respiration de la paille

En cas de stress, utilisez cet exercice simple :

1. Inspirez profondément.
2. Expirez lentement, comme à travers une paille imaginaire.
3. Répétez 5 fois pour calmer votre esprit.

« Vivre est ce qu'il y a de plus rare au monde. La plupart des gens existent. C'est tout. »

Oscar Wilde

Les 3 règles essentielles pour se remettre au sport

- Primo, il faut choisir un sport adapté à votre physique, c'est-à-dire à votre morphologie, à votre âge et à votre état de santé.
- Deuzio, se fixer un objectif atteignable et raisonnable. Ne pensez pas que dès votre première semaine de sport, vous allez exceller et perdre 2 kilos d'un coup ! Il faut simplement y aller doucement mais sûrement, cela évitera découragement et lassitude.
- Tertio, vous mettre en tête que si vous décidez de faire du sport, il va falloir être assidu, donc régulier et sérieux. Par conséquent, ne plus vous dire que le mardi soir sera réservé à votre série préférée mais bien à la nouvelle activité qui va changer votre vie !

3

AVRIL

7 h 26 20 h 21

St Richard

“ La vie est présence,
ne l'oublie jamais. ”

Sagesse populaire

Un peu de gras, c'est permis

Oui, mais en mangeant non pas des hamburgers/ frites mais des poissons dits gras, comme le saumon ou le hareng, ainsi que des avocats ou des cacahuètes. Point commun de ces aliments : la vitamine F qui donne de l'énergie et qui est aussi bonne pour les reins que pour le foie et le cœur.

4

AVRIL

7 h 23 20 h 22

St Isidore

« Avec trop on se perd.
Avec moins on se trouve. »

Tchouang Tseu

Le bonheur par le sport

Pratiquer du sport régulièrement est excellent pour le corps et l'esprit. L'activité physique stimule la production d'endorphines, connues comme les hormones du bonheur, qui aident à réduire le stress. Voici les 5 sports les plus efficaces pour booster l'euphorie :

1. Jogging : courir libère l'esprit et augmente les niveaux d'endorphines.
2. Vélo : pédaler, en plein air ou en salle, améliore l'humeur et la santé cardiovasculaire.
3. Natation : nager détend les muscles et l'esprit, offrant une évasion complète.
4. Ski de fond : ce sport combine l'exercice en plein air et l'endurance, idéal pour se sentir bien.
5. Entraînement cardio : les séances intenses favorisent une forte libération d'endorphines.

5

AVRIL

☀ 7 h 21 ☀ 20 h 24

Ste Irène

“ Je suis le maître
de mon destin ;
je suis le capitaine
de mon âme. ”

William Henley

Ici, là, tout de suite !

Les bouddhistes disent que le passé et l'avenir n'existent pas. Et ils ont bien raison. Le seul moment qui compte est celui du présent. Vous ne pouvez pas revenir dans le passé, vous ne pouvez pas non plus vivre dans le futur. Donc, posez-vous dans l'instant, c'est la seule façon d'être vivant.

6

AVRIL

7 h 19 — 20 h 25

St Marcellin

« Chacun vaut ce que
valent les objectifs
de son effort. »

Marc-Aurèle

Contre la fatigue nerveuse

Si vous vous sentez fatigué nerveusement, misez sur les huiles essentielles relaxantes de lavande, de néroli, de sauge sclarée, de romarin ou de basilic.

« Si un problème a une solution, alors il est inutile de s'en inquiéter ; s'il n'en a pas, s'inquiéter n'y changera rien. »

Proverbe populaire

Le yoga avec des chèvres

Le yoga avec des chèvres, ou « goat yoga », combine la pratique du yoga avec la présence de chèvres en liberté. Cette forme de yoga, qui a émergé au début des années 2010 aux États-Unis, offre une expérience unique où les chèvres interagissent avec les participants pendant les exercices. L'idée est de bénéficier des effets apaisants et joyeux de la compagnie des animaux tout en pratiquant le yoga. Les séances se déroulent généralement en plein air, dans des fermes ou des espaces adaptés où les chèvres peuvent se déplacer librement autour des participants.

8
AVRIL

7 h 15 20 h 28

Ste Julie

« Si vous fermez la porte
à toutes les erreurs, la vérité
restera dehors. »

Tagore

La nature à portée de main

Envie de faire le vide ? Rendez-vous dans votre parc favori. Faites un premier tour en vous concentrant sur ce que vous sentez sous la plante de vos pieds. Sol dur, mou, parsemé de cailloux, de feuilles, d'herbes… Asseyez-vous sur un banc, fermez les yeux et prenez conscience de ce qui vous entoure : humez l'odeur des arbres, de leur tronc, des herbes et de la terre mouillées, écoutez les différents sons de la nature. Ressourcez-vous !

9

AVRIL

7 h 13 – 20 h 30

St Gauthier

“ Se donner du mal pour
les petites choses, c’est parvenir
aux grandes, avec le temps. ”

Samuel Beckett

Auto-coaching

Pour vous motiver le matin, lorsque vous n'avez pas envie de vous lever ou pour vous encourager lorsque la fatigue se fait ressentir, appelez-vous par votre prénom et devenez votre propre coach : Allez, Sandrine, on y va, on se bouge, vas-y, montre-leur ! Imaginez des pom-pom girls qui crient votre nom s'il le faut… mais acclamez-vous !

10

AVRIL

7 h 11 20 h 31

St Fulbert

« Les relations sont sûrement le miroir dans lequel on se découvre soi-même. »

Jiddu Krishnamurti

Créez vos parfums personnalisés

Se plonger dans l'art de la parfumerie pour créer un parfum qui vous est propre peut être une activité apaisante et enivrante. Cela permet d'explorer les souvenirs et les émotions à travers les sens, tout en créant quelque chose d'unique et personnel. Pour créer votre parfum personnalisé, mélangez 20 ml d'huiles essentielles (10 % notes de tête, 30 % notes de cœur, 60 % notes de fond) avec 80 ml d'alcool à 90°. Choisissez des essences qui vous plaisent : agrumes pour la fraîcheur, fleurs pour la douceur, bois ou musc pour la profondeur. Laissez reposer le mélange pendant au moins 48 heures pour que les parfums se fondent. Filtrez et ajoutez quelques gouttes d'eau distillée pour adoucir. Transférez dans un flacon de parfum.

11

AVRIL

7 h 09 20 h 33

St Stanislas

« Rien n'assure mieux
le repos du cœur que
le travail de l'esprit. »

Duc de Lévis

Massage des lombaires

Si vous passez une grande partie de votre journée assis, votre dos doit en payer les frais. Pour vous soulager, pratiquez l'auto-massage. Posez vos mains sur vos hanches et appuyez avec vos pouces tout en effectuant de petits mouvements circulaires. Remontez ainsi le mouvement jusqu'à la taille.

12

AVRIL

7 h 07 — 20 h 34

St Jules

« Être attaché à son propre bonheur est un obstacle sur la voie véritable et parfaite. Chérir autrui est la source de toute qualité admirable connue. »

Tsong Khapa

Votre visage aux petits soins

Si vous vous attardez quelques secondes sur votre visage, vous constatez qu'il est tendu et plein de nœuds invisibles. Pour détendre tout ça, massez d'abord votre front. Ensuite, à partir du centre, massez jusqu'aux tempes. Appuyez dessus tout en serrant légèrement les dents, ce qui vous aidera à renforcer les muscles de votre mâchoire. Continuez ce massage en effectuant de petits mouvements circulaires, détente garantie.

13
AVRIL

☀ 7 h 05 ☀ 20 h 36

Ste Ida

“Le plus beau lendemain ne nous rend pas la veille.”

Proverbe français

Restez réceptif aux surprises de la vie

Il est naturel de chercher à tout contrôler, mais s'ouvrir à l'inattendu peut être source de joies insoupçonnées. Lâcher prise et accepter que la vie puisse nous surprendre favorise des expériences enrichissantes. Ne redoutez pas l'imprévu et osez dévier de vos routines habituelles ; souvent, les moments les plus mémorables se cachent hors des sentiers battus de notre quotidien planifié.

“ Vivez comme si vous deviez mourir demain, apprenez comme si vous deviez vivre toujours. ”

Bouddha

Une flamme qui réchauffe le cœur

Allumez une bougie chaque matin, laissez sa lumière et sa chaleur réveiller votre corps et attirer les ondes positives. Pour des raisons de sécurité, ne la laissez pas sans surveillance, mais si vous souhaitez prolonger l'effet apaisant de cette flamme vivante, entrez dans une église, quelle que soit votre confession, la lumière ravivera en vous l'espérance.

15
AVRIL
7 h 01 20 h 39
St Paterne

> L'homme est un être difficile
> qui se crée ses propres
> tourments.

Gao Xingjian

Pour les gros creux, un jus très nourrissant de bananes

Ingrédients :
2 bananes, du miel

Préparation :
Mixez les bananes avec un peu d'eau et ajoutez le miel.

> Tout effort qui n'a pour
> but que sa propre glorification
> est voué au désastre.

Robert Pirsig

Valorisez les bienfaits du miel

Le miel, la gelée royale, et la propolis sont de véritables alliés pour la santé, riches en vitamines B et C, qui aident à combattre stress et fatigue. Parmi eux, le miel de Manuka de Nouvelle-Zélande se distingue par ses propriétés exceptionnelles, attribuées à sa pureté et à sa haute concentration en nutriments.

17

AVRIL

6 h 57 20 h 42

St Anicet

“Prenez vos victoires, quelles qu'elles soient, chérissez-les, utilisez-les, mais ne vous reposez pas dessus.”

Mia Hamm

Une douche à toute heure

Quoi de mieux qu'une douche chaude et agréable pour vous relaxer ? Fermez les yeux, respirez profondément à plusieurs reprises. Puis, imaginez-vous sous une douche chaude. Ressentez les gouttes d'eau caresser votre peau nue et apporter un véritable bien-être à votre peau, à vos cellules. Vous voilà tout neuf !

18
AVRIL

6 h 56 20 h 43

St Parfait

“ Le monde semble
sombre quand on a
les yeux fermés. ”

Proverbe indien

Exercice aquatique

Lorsque vous êtes seul dans la piscine, profitez de ce moment pour faire la planche. Imaginez le ciel, les nuages, la cime des arbres… Le contact de l'eau avec votre peau vous détendra à coup sûr ! Si la position statique vous pose problème, nagez lentement.

“Le silence de l’Être authentique
n’est pas seulement là où se tait
le bruit du monde. De sa façon d’écouter,
dépend que l’homme perçoive le silence
de l’Être dans le silence du monde
ou même au milieu du bruit.”

Karlfried Graf Dürckeim

Un théâtre d'ombres chez soi

Monter un petit spectacle de théâtre d'ombres peut être une façon ludique et créative de se détendre. Cela nécessite peu de matériel et peut transformer une soirée ordinaire en une aventure imaginative. Pour le monter, tendez un drap blanc entre deux chaises dans un endroit sombre. Utilisez une lampe puissante derrière le drap comme source de lumière. Créez des silhouettes (personnages ou objets) à partir de carton noir et fixez-les sur des bâtons. Manipulez les silhouettes derrière le drap pour qu'elles se projettent en ombres sur celui-ci. Racontez une histoire en déplaçant et animant ces figures pour captiver votre public.

“Il faut rire avant d’être heureux, de peur de mourir sans avoir ri.”

Jean de La Bruyère

La visualisation bienfaisante

La visualisation permet d'imaginer un scénario positif pour régler un réel souci. Elle peut agir dans tous les domaines : affectif, professionnel, médical... Les images liées au problème doivent être toujours très positives. Cette forme de relaxation aide à lutter contre l'anxiété, éliminer le stress, la négativité, les tensions. De plus, cela vous donne confiance en l'avenir.

21

AVRIL

6 h 50 20 h 48

Lundi de Pâques • St Anselme

“ J’ai décidé d’être heureux parce que c’est bon pour la santé. ”

Voltaire

Laissez les autres avoir raison

Un jour ou l'autre, vous allez vous posez la question suivante : « Qu'est-ce que je préfère, être heureux ou avoir raison ? ». Car défendre bec et ongles son opinion demande une dépense énergétique incroyable. Puis, vous risquez de vous fâcher avec vos amis pour pas grand-chose. Finissez-en une bonne fois pour toutes avec ce besoin impératif d'avoir toujours raison, ou de donner tort aux autres !

22
AVRIL

6 h 48 20 h 49

St Alexandre

“On peut allumer
des dizaines de bougies
à partir d'une seule sans en
abréger la vie. On ne diminue
pas le bonheur en
le partageant.”

Bouddha

La musique pour cultiver le bonheur

Il semble que le bonheur atteigne son apogée entre 60 et 70 ans, une période où l'équilibre entre vie personnelle et professionnelle est souvent trouvé. Mais pourquoi attendre tout ce temps pour profiter pleinement de la vie ? Utilisez la musique comme outil pour avancer dans cette quête du bonheur dès maintenant ! La musique, avec ses vertus thérapeutiques, peut influencer votre état émotionnel et mental de manière significative. Que ce soit pour booster votre séduction avec de la musique romantique, trouver la paix intérieure grâce à des sons tibétains, ou libérer le stress en dansant sur de l'électro, chaque style musical a son effet. Alors, pourquoi ne pas planifier votre soirée autour de ces expériences sonores et prendre un moment pour vous recentrer sur ce qui compte vraiment ?

23

AVRIL

6 h 46 20 h 51

St Georges

“ La sagesse ne se mesure
pas à ce que nous avons vécu
mais à ce que nous sommes
capables de vivre. ”

George Bernard Shaw

Et les pizzas ?

Si vous adorez les pizzas,
pas la peine de vous en priver.
Il faut juste les choisir à pâte fine,
aux légumes, tomates, huile d'olive
et avec peu de fromage. Des pizzas
d'été, tout simplement !
Vous avalerez 50 % de calories
en moins qu'avec les
pizzas classiques !

24
AVRIL
6 h 44 20 h 52
St Fidèle

“Le silence est la splendeur des forts.”

Charles de Gaulle

A quelle heure travailler ?

Si vous en avez la possibilité, mettez en pratique ce concept qui soutient le pic d'efficacité. Il s'agit de trouver les meilleurs horaires qui correspondent au mieux à votre efficacité afin d'effectuer toutes vos tâches importantes à ce moment. Êtes-vous du matin, de l'après-midi ou du soir ?

“ On peut fendre un rocher ;
on ne peut pas toujours
attendrir un cœur. ”

Proverbe indien

Méditation et réflexion

La méditation est un outil puissant pour se connecter avec son moi intérieur et clarifier sa vision de la vie. Prenez du temps régulièrement pour méditer, pour vous recentrer et réfléchir à votre direction de vie. Utilisez ces moments pour considérer comment vos actions quotidiennes s'alignent avec votre but ultime. La méditation peut vous aider à rester centré, réduire le stress et maintenir une perspective claire sur votre parcours personnel vers l'épanouissement.

26
AVRIL
☀ 6 h 41 ☀ 20 h 55
Ste Alida

“Le meilleur
que nous puissions
attendre des hommes,
c'est l'oubli.”

François Mauriac

Les bienfaits du thé

Prendre un thé chaque matin, c'est s'assurer un bon taux d'antioxydants et de vitamines A, C et E. Ces éléments permettent de lutter à chaque instant contre les agressions du stress, de la pollution et du temps. Le fait que de plus en plus de marques de cosmétique incluent du thé dans leurs produits n'est pas anodin… D'ailleurs, saviez-vous que le thé blanc a longtemps été un plaisir réservé aux empereurs chinois ?

27

AVRIL

6 h 39 — 20 h 56

Ste Zita

« Au milieu de toute
difficulté se trouve cachée
une opportunité. »

Albert Einstein

Votre gel douche maison

Dans une noisette de gel douche neutre, ajoutez 2 gouttes d'huile essentielle de bergamote et une de genièvre. Cet assortiment de soins détente vous aidera à bien démarrer une journée qui s'annonce chargée.

28

AVRIL

6 h 37 20 h 58

Ste Valérie

“ Avoir un ennui,
c'est recevoir une grâce ;
être heureux, c'est être
mis à l'épreuve. ”

Zenrin Kushu

Baladez-vous, encore et toujours !

Mais choisissez un thème, comme les portes colorées ou les jardins secrets, et partez en balade photographique ! Cela donne un but à votre promenade tout en stimulant votre créativité et en vous aidant à voir le monde sous un angle différent.

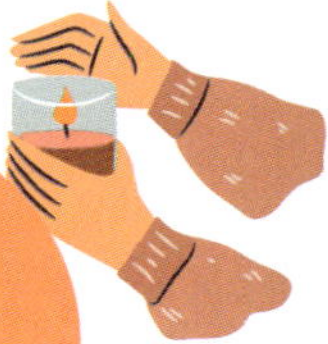

29
AVRIL

☀ 6 h 36 ☀ 20 h 59

Ste Catherine de Sienne

« Faire rire, c'est faire oublier.
Quel bienfaiteur sur la Terre
qu'un distributeur d'oubli ! »

Victor Hugo

Plein de vitamines

Organisez-vous : courgettes, carottes, haricots verts, épinards,... coupez-les, mettez-les dans des sachets et hop, au congélateur. Ils seront prêts pour les jours où vous n'aurez pas le temps (ou l'envie) de cuisiner. Plus aucune excuse pour vous jeter sur les plats préparés, souvent très gras et caloriques.

30

AVRIL

6 h 34 21 h 01

St Robert

“ Ce qu’un homme
ne dit pas est le sel
de la conversation. ”

Proverbe japonais

Mettez-vous au jardinage

Saviez-vous que jardiner se révèle une meilleure activité que la lecture pour lutter contre la dépression ? Le fait d'être en plein air et de pratiquer le jardinage permet de rentrer en contact avec l'énergie de la terre. Non seulement cette activité manuelle apaise l'esprit mais elle développe également la créativité et l'estime de soi.

“ La nuit porte conseil. ”

Ménandre

Le tri saisonnier

Le secret pour un chez-soi cool et rangé !
Pour éviter le désordre saisonnier et faciliter la recherche d'articles appropriés, adoptez un système de rangement par saison. Stockez les éléments non nécessaires pour la saison actuelle, comme les maillots de bain en hiver ou les écharpes en été, dans des boîtes dédiées. Cela évitera la frustration de chercher à travers des articles hors saison et aidera à maintenir une organisation claire et un état d'esprit positif.

2
MAI

☀ 6 h 31 ☀ 21 h 04

St Boris

“ Le meilleur chemin
est toujours celui qui
est le plus direct. ”

Robert Frost

Stop aux pellicules

Les pellicules peuvent être source de stress, tellement elles sont disgracieuses et gênantes. Débarrassez-vous en avec un masque. Mélangez cinq cuillerées à soupe d'huile d'olive avec trois gouttes des huiles essentielles suivantes : citron, girofle et thym. Appliquez sur les cheveux en effectuant un doux massage. Laissez agir un quart d'heure, puis faites votre shampooing comme d'habitude.

* Réalisez toujours un test allergique avant d'utiliser les huiles essentielles en appliquant préalablement une petite goutte sur le poignet.

“ On sait si on a été heureux
ou pas, le jour où on a assez
de temps à perdre pour
se poser la question. ”

Jim Fergus

Une douche thalasso à la maison !

La douche thalasso permet de donner
un bon coup de fouet à l'organisme.
Glissez-vous donc dans un bain tiède, à 35-37 °C.
À l'aide d'un jet d'eau chaude, 39-40 °C,
massez-vous pendant un petit quart d'heure
les bras, les reins, le ventre et les jambes. Cela
vous permettra d'améliorer le travail digestif,
le fonctionnement des reins et la circulation.
Cette douche est toutefois à éviter pendant
la grossesse et en période de règles.

4
MAI

6 h 27 21 h 07

St Sylvain

« C'est dur d'échouer,
mais c'est pire de n'avoir
jamais essayé de réussir. »

Theodore Roosevelt

Boostez votre bonheur avec l'applaudimètre du bonheur !

Quand la journée commence de travers ou que les soucis pèsent lourd, voici un truc super simple pour renverser la vapeur : frappez dans vos mains avec entrain, puis passez-les sur votre visage. Vous verrez, le sourire s'installera sur votre visage et la zenitude débarquera dans votre mood !

5

MAI

☀ 6 h 26 ☀ 21 h 08

Ste Judith

“ On peut aussi bien prier
une sardine, ce n’est qu’une
question de foi. ”

Proverbe japonais

L'organisation : clé de la réussite

Pour être à l'aise dans votre travail, soyez organisé, de manière à ne jamais être pris au dépourvu. Remplissez sérieusement votre agenda et respectez-le. Si vous ne savez plus où donner de la tête, demandez à votre collègue de vous aider, ne vous laissez surtout pas étouffer par trop de travail. Et ne culpabilisez pas de prendre des pauses, elles sont essentielles à votre efficacité.

“ On ne peut admirer
en même temps la lune,
la neige et les fleurs. ”

Proverbe japonais

Analysez vos rêves

Pendant la nuit, les souvenirs récents ou lointains se mélangent et les rêves vous livrent une part insoupçonnable de vous-même. Pour percer leurs secrets, il faut d'abord les noter, dès le réveil. Dormez avec un carnet à portée de main et découvrez ce que cache votre inconscient, pour mieux comprendre vos réactions.

« L'homme ordinaire
ne se préoccupe que de passer
le temps, l'homme de talent
que de l'employer. »

Arthur Schopenhauer

Les pieds nus en pleine nature

Marcher pieds nus en extérieur, appelé « earthing » ou « grounding », est une excellente façon de se reconnecter avec la nature. Cette pratique offre des avantages comme la réduction de l'inflammation grâce à l'absorption des électrons de la terre, l'amélioration de la circulation, et une diminution du stress. Pour commencer, choisissez un espace naturel sécurisé, démarrez par de courtes sessions et augmentez progressivement. Assurez-vous simplement de choisir des surfaces propres et sûres pour vos pieds.

8

MAI

6 h 21 · 21 h 12

Victoire 1945 • St Désiré

“ Le moment présent
a un avantage sur tous les autres :
il nous appartient. ”

Charles Caleb Colton

Le pied énergique

Rien de mieux qu'un massage
du pied pour soulager le corps.
Pour récupérer de l'énergie,
asseyez-vous avec le pied droit
sous le genou gauche. Avec le pouce
droit, appuyez sur le point d'acupuncture
situé au tiers de la plante du pied,
2 minutes pour chaque pied.

“ Celui qui préfère le sourire
à la colère est toujours
le plus fort. ”

Proverbe japonais

A vos balais !

Saviez-vous qu'une maison propre et bien rangée attire les ondes positives et le bonheur ? En Feng Shui, on dit que si l'on veut se débarrasser de ses problèmes, on se doit de nettoyer à fond sa maison. Tous les coins, les tiroirs et les placards, le grenier, la cave, le garage... Jetez les bibelots cassés, faites le tri dans vos papiers, rangez votre cuisine... Votre esprit s'éclaircira, vous vous apaiserez et attirerez les bonnes énergies. Que demander de plus ?

10

MAI

6 h 18 21 h 15

Ste Solange

« Écouter les autres,
c'est encore la meilleure
façon d'entendre ce
qu'ils disent. »

Pierre Dac

Revitalisez votre chakra sacré

Pour stimuler votre chakra sacré et favoriser un meilleur équilibre émotionnel et énergétique, voici une astuce simple et naturelle : intégrez davantage d'aliments orange dans votre alimentation quotidienne. Les carottes, les abricots, les oranges, et les patates douces ne sont pas seulement colorés et appétissants, ils peuvent aussi aider à renforcer l'énergie de votre chakra sacré. De plus, considérez l'ajout de pierres telles que la topaze impériale orangée ou l'opale de feu dans vos bijoux ou comme éléments décoratifs chez vous. Ces minéraux sont réputés pour leur capacité à améliorer l'énergie sexuelle et à encourager l'ouverture émotionnelle.

11
MAI
6 h 17 21 h 16
Ste Estelle

« Le chemin qui mène
à la sagesse et aux joies
de l'esprit est un parcours
dangereux, semé d'embûches.
Mais quelle récompense pour
celui qui s'acharne et atteint
la vérité ! »

Carolyn Bergeron

Baissez le ton

Afin d'éviter des disputes inutiles et irréversibles et de calmer une personne énervée ou qui est sur le point de s'emporter, parlez moins fort qu'elle ! En adoptant un comportement calme, vous communiquerez votre apaisement et l'inciterez progressivement à reprendre le dessus sur la colère.

“ La pierre précieuse ne peut
être polie sans frottements,
et l’homme ne s’accomplit pas
sans subir d’épreuves. ”

Pensée bouddhiste

Le pouvoir des coquillages

Pensez à rapporter
de vos prochaines vacances
un coquillage que vous emporterez,
ensuite, partout avec vous. Mettre votre
oreille contre le coquillage de temps
en temps en fermant les yeux
vous apportera une sensation
de bien-être immédiat.

“ Sans contrainte,
on tourne en rond. ”

Matthieu Chedid

Exercice de méditation pour la sérénité

Intégrez cet exercice de méditation dans votre routine quotidienne pour apaiser l'esprit, en utilisant la respiration ventrale : Commencez par respirer profondément. Prenez conscience de votre inspiration et expiration. Répétez les affirmations de Thich Nhat Hanh :

J'inspire et je sais que j'inspire, je souffle et je sais que je souffle.
J'inspire et je suis la fleur, je souffle et j'en ai la fraîcheur.
J'inspire et je me vois montagne, je souffle et je me sens solide.
J'inspire et je me vois eau calme, je souffle et en moi
les choses se reflètent telles qu'elles sont.
J'inspire et je me sens espace, je souffle et je me sens libre.

Répétez chaque phrase autant de fois que nécessaire pour vous recentrer et vous calmer.

14
MAI
6 h 13 21 h 20
St Matthias

“ Ce n'est pas le vent
qui décide de votre destination,
c'est l'orientation que vous donnez
à votre voile. Le vent est pareil
pour tous. ”

Jim Rohn

Auto-massage efficace

Pour supprimer les tensions dans les épaules, massez votre épaule droite à l'aide de la main gauche, puis changez de côté.

15

MAI

☀ 6 h 11 · 21 h 22

Ste Denise

“L’homme est le premier artisan de son bonheur comme il l’est de son tourment.”

Cardinal Elchinger

Contre la fatigue physique

Si vous ressentez de la fatigue physique, optez pour les huiles essentielles énergisantes de menthe poivrée, de cannelle, de thym, de romarin ou de géranium.

« Le qi est en chacun de nous.
Le ciel, la terre et tout ce qui vit
a besoin du qi pour rester en vie.
Ceux qui savent comment laisser
leur qi circuler se préserveront
et banniront la maladie. »

Ko Hung

Construisez des meubles en carton

Fabriquer ses propres meubles, même en carton, peut être étonnamment relaxant et gratifiant. Cela permet de canaliser son stress en quelque chose de concret et fonctionnel.

17
MAI

6 h 09 21 h 24

St Pascal

“ Le bonheur et le malheur
ne viennent que de
nous-même. ”

Mong Tseu

Parlez en marchant

Souvent, on ne se rend pas compte de tout ce temps passé à donner des coups de fil dans une journée. Prenez l'habitude de téléphoner en marchant. Lorsque vous communiquez, vous ne faites pas attention à l'effort produit. Ainsi, vous arriverez très facilement aux 30 minutes de marche recommandées pour être en forme. Puis, vous vous viderez l'esprit et vous vous sentirez mieux, aussi bien dans votre corps que dans votre tête. À vos coups de fil !

« Le calme, la quiétude
sont choses qui dépendent
plus des dispositions intérieures
de l'esprit que des circonstances
extérieures, et l'on peut les goûter
même au milieu d'une
apparente agitation. »

Alexandra David-Néel

Considérez le verre comme déjà cassé (et le reste aussi) !

Cet enseignement bouddhiste comporte l'idée que le monde est en constant changement. Tout se crée, se transforme, rien ne se perd mais rien n'est éternel. Un arbre émane d'une graine enfouie dans la terre et finira aussi dans le sol. Notre corps naît, grandit, se fane et meurt.
Vous adorez votre robe ? Ne vous leurrez pas, elle peut se déchirer.

“ Le chameau ne voit pas
sa propre bosse, il voit la bosse
de son frère. ”

Proverbe arabe

Ecrivez une lettre à votre futur moi

Prenez le temps de rédiger des lettres à vous-même dans le futur, exprimant vos espoirs, rêves, et encouragements. Cela peut être un exercice introspectif apaisant, aidant à mettre les choses en perspective et à soulager le stress du moment présent.

20

MAI

6 h 05 21 h 28

St Bernardin

« Quel est le plus important,
réussir ou trouver un sens
à votre effort de réussir ? »

Shunryu Suzuki

Défoulez-vous au sport

On ne le répétera jamais assez : un esprit sain dans un corps sain ! Au lieu d'évacuer votre stress en vous réfugiant dans la nourriture, faites du sport ! Envie de frapper ? Choisissez le tennis ou la boxe. Envie d'être seul ? Optez pour la natation ou le footing.

21

MAI

6 h 04 21 h 29

St Constantin

« La promenade
est essentiellement une manière
de converser avec soi. »

Chantal Thomas

Pourquoi êtes-vous en colère ?

Même si la colère reste une réaction physique et psychologique à la frustration, à la douleur ou à l'injustice, se comporter de façon violente avec son entourage et exploser littéralement peut avoir des conséquences néfastes pour soi-même et pour les personnes concernées. Apprenez à maîtriser et dissiper la colère en vous concentrant sur l'émotion elle-même et non sur sa cause. Ressentez ce qu'elle provoque en vous et accueillez les sentiments et les manifestations corporelles.

22
MAI

6 h 03 · 21 h 30

St Émile

« Ne pas se moquer,
ne pas déplorer, ne pas détester,
mais comprendre. »

Spinoza

Ecoute immersive dans la nature en 3D

Imaginez que vous êtes en pleine forêt, entouré d'arbres et d'animaux, le tout sans quitter votre chaise. Grâce à des enregistrements en 3D, vous pouvez fermer les yeux, mettre vos écouteurs, et vous transporter dans un autre lieu. C'est un moyen génial de décompresser et de vous sentir instantanément plus zen.

« Rien ne concourt davantage
à la paix de l'âme que de
n'avoir point d'opinion. »

Georg Christoph Lichtenberg

Acceptez de ne pas réussir du premier coup

Il est totalement impossible de tout réussir du premier coup. Puisque vous n'avez pas de baguette magique, apprenez à gérer les échecs pour ne pas vous effondrer à chaque déception, pour ne pas tourner en rond sans jamais évoluer, pour ne pas avoir de regrets...

24
MAI
6h01 21h33
St Donatien

« Tant de mains pour
transformer le monde,
et si peu de regards pour
le contempler. »

Julien Gracq

La musique baroque

Les mouvements lents
de Haendel ou de Bach donnent
une sensation de stabilité,
de sécurité, d'ordre. Ils sont propices
à un environnement serein pour
des travaux intellectuels.

25
MAI

6 h 00 · 21 h 34

Fête des mères • Ste Sophie

“ Il ne faut pas de tout
pour faire un monde.
Il faut du bonheur,
et rien d'autre. ”

Paul Éluard

Des vêtements pondérés pour un effet cocooning

Un peu comme une étreinte,
les vêtements ou couvertures pondérés
appliquent une douce pression sur le
corps, ce qui peut significativement réduire
le stress. C'est un peu comme recevoir
un câlin constant de votre tenue !

“L’émotion est ce moment
où l’acier rencontre une pierre
et en fait jaillir une étincelle car
l’émotion est la source principale
de toute prise de conscience.
Point de passage de l’obscurité
à la lumière, de l’inertie au
mouvement sans émotion.”

Carl Gustav Jung

Bye-bye toxines !

Afin d'éliminer les toxines,
versez dans votre bain un mélange
de 15 ml d'huile végétale de sésame
et de 6 gouttes d'huiles essentielles :
2 gouttes de niaouli, 2 gouttes de santal
et 2 gouttes d'eucalyptus.

27

MAI

5 h 59 21 h 36

St Hildebert

“ La joie est en tout,
il faut savoir l’extraire. ”

Confucius

Avancez à votre rythme

Il est essentiel d'avoir des objectifs. Cependant, prenez le temps de les atteindre sereinement : on ne gravit pas le mont Everest en courant ! Faites des pauses régulières. De la simple promenade au week-end à la campagne, se ressourcer de temps en temps est essentiel pour avancer !

28

MAI

5 h 58 21 h 37

St Germain

“ On mène sa vie sous
la pression d’une existence
que bien peu d’entre nous
peuvent se féliciter
d’avoir choisie. ”

Alexandre Millon

La calligraphie, l'art de la belle écriture

Se concentrer sur les formes élégantes des lettres et le mouvement fluide de l'encre est une méditation en soi. La calligraphie peut être une belle échappatoire qui calme l'esprit tout en créant quelque chose d'esthétique.

29
MAI

☀ 5 h 57 · 21 h 38

Ascension • St Aymard

“La vie est un mystère
qu'il faut vivre, et non un
problème à résoudre.”

Gandhi

Apprendre à connaître ses voisins

Dans les grandes villes, les gens ont tendance à ne pas parler à leurs voisins. Ainsi, lorsque vous emménagez, n'hésitez pas à organiser une petite soirée ou un goûter. Vous saurez qui sont vos voisins et vous vous sentirez immédiatement bien à votre nouvelle adresse ! Et par la suite, si vous les connaissez, vous pourrez compter sur eux en cas de besoin.

“ La seule façon de faire
du bon travail est d'aimer
ce que vous faites. Si vous n'avez
pas encore trouvé, continuez
à chercher. ”

Steve Jobs

Croire en soi

Pour augmenter votre capacité à croire en vous-même, tout en vous sentant fort, apprenez à soutenir le regard des autres. À partir d'aujourd'hui, dites-vous que vous ne baisserez plus les yeux, vous n'allez plus jamais fuir. Au contraire, en soutenant le regard de la personne en face, vous n'allez pas devenir invisible, mais vous vous ouvrirez de manière directe et amicale.

31

MAI

5 h 56 · 21 h 40

Visitation

« L'imagination
est plus importante
que le savoir. »

Albert Einstein

Cultivez vos défauts

Vous en avez marre de ne remarquer que les qualités des autres et de faire des montagnes avec vos défauts ? C'est le moment de réagir. Assumez de manière ouverte vos imperfections et transformez-les en force ! N'oubliez jamais que la différence et l'originalité sont des atouts et non des obstacles à votre bonheur !

“ Le rire et le sommeil
sont les meilleurs remèdes
du monde. ”

Proverbe irlandais

La magie du blanc : cool, calme et liberté !

Le blanc, c'est le symbole de la pureté et du zen, mais saviez-vous qu'il est aussi votre meilleur allié en été ? Quand le thermomètre grimpe, optez pour des vêtements blancs. Ils sont parfaits pour repousser la chaleur grâce à leur pouvoir de réfléchir les rayons du soleil. Et ce n'est pas tout ! Le blanc a aussi un effet très relaxant sur votre esprit. Il illumine tout autour, vous aide à vous sentir frais, équilibré et booste vos pensées positives. Alors, pour rester cool et détendu, pensez blanc dans votre dressing et autour de vous !

2

JUIN

5 h 54 21 h 42

Ste Blandine

“ L’eau prend toujours
la forme du vase. ”

Proverbe japonais

Miroir, miroir !

Aujourd'hui, prenez le temps de vous regarder dans le miroir et dites-vous à voix haute tous les compliments que vous rêvez d'entendre. Vous êtes une belle personne, forte, bienveillante, généreuse, douce, respectueuse… Oui, vous possédez bien des qualités !

“ Vivons. C’est tout. ”

Anonyme

Allongez votre silhouette

Petit exercice pour des muscles détendus et une ligne épurée. Debout, devant un bureau ou une chaise, posez un pied dessus en gardant la jambe tendue. Déployez vos bras vers le ciel le plus haut possible. Soufflez et passez à l'autre jambe.

“Ce qu'on ne veut pas savoir de soi-même finit par arriver de l'extérieur comme un destin.”

Carl Gustav Jung

Slime anti-stress, pétrir pour apaiser

Créer votre propre slime peut être étonnamment satisfaisant. C'est une activité sensorielle qui peut aider à évacuer la tension en se concentrant sur quelque chose de tangible et d'un peu enfantin.

Comment faire ? Mélangez 120 ml de colle PVA avec 1 cuillère à soupe de bicarbonate de soude. Incorporez du colorant alimentaire si vous le désirez. Ajoutez lentement 2-3 cuillères à soupe de solution saline, en mélangeant jusqu'à obtenir la consistance de slime souhaitée. C'est prêt, régalez-vous à le malaxer !

5

JUIN

☀ 5 h 53 ☀ 21 h 45

St Igor

“La marche n'est pas
une simple thérapeutique mais
une activité poétique qui peut guérir
le monde de ses mots.”

Bruce Chatwin

Personne n'est parfait

Acceptez-vous tel que
vous êtes, avec vos forces
et faiblesses, et cherchez à évoluer.
C'est le chemin vers le bonheur !

6

JUIN

5h52 21h46

St Norbert

« Plus on prend de la hauteur
et plus on voit loin. »

Proverbe chinois

La zenitude est dans votre assiette

Vous le savez probablement, une bonne alimentation est primordiale pour se sentir en forme et pour garder le moral. Mais certains aliments sont plus conseillés que d'autres, spécialement ceux qui sont riches en oméga-3, en vitamines B9, B12, B6, D et en tryptophane : poissons gras, noix, bananes, chocolat noir, oeufs, légumineuses, légumes et fruits frais de saison...

7

JUIN

5 h 52 21 h 46

St Gilbert

« La seule grandeur
authentique,
celle de l'effort. »

Gilbert Choquette

Chewing-gum, une mastication anti-stress

Cela peut sembler surprenant, mais mâcher du chewing-gum peut réduire le stress. C'est une action simple qui, étudiée scientifiquement, montre une baisse du cortisol et une augmentation de l'alerte mentale. Et faire des bulles, c'est encore mieux !

8
JUIN

5 h 52 21 h 47

Pentecôte • St Médard

“ Le temps, c'est la toile
dont je suis à la fois
l'araignée et la mouche. ”

Jacques Lesourne

Faites travailler votre imagination

Avant un rendez-vous stressant, au lieu de vous focaliser sur l'entretien, portez votre attention sur tout ce qu'il y a autour. Des personnes sont assises à côté de vous ? Tentez d'imaginer leur vie : qui sont-elles ? À quoi ressemble leur famille ? Regardez par la fenêtre et créez-vous des petites histoires avec les personnages que vous voyez s'animer sous vos yeux.

9
JUIN

5 h 51 21 h 48

Lundi de Pentecôte
Ste Diane

“ La politesse est une monnaie
qui enrichit non point celui
qui la reçoit, mais celui
qui la dépense. ”

Sagesse persane

Bye-bye le stress !

Faites en sorte que les tensions et les contrariétés s'évaporent, comme par miracle : debout, poings serrés, tendez vos bras le long de votre corps de toutes vos forces. Serrez les muscles de vos jambes, ventre, thorax, dos, cou... Ressentez et acceptez tous ces picotements qui évacuent le stress de votre organisme.

“ Le passé, l'avenir,
ces deux moitiés de vie dont
l'une dit jamais et l'autre
dit toujours. ”

Alphonse de Lamartine

De l'improvisation théâtrale, rire et lâcher prise

Participer à des ateliers d'improvisation pousse à sortir de sa zone de confort, à rire et à interagir avec les autres de manière spontanée et ludique, un excellent moyen de chasser le stress ! N'hésitez pas à plonger dans cet univers de partage hors du commun !

“ La vie humaine est
une rosée passagère. ”

Proverbe japonais

Enfermez les idées noires

Avant d'aller au lit, prenez quelques minutes pour mettre vos tracas sur un papier que vous enfermerez dans la boîte prévue à cet effet. Ce geste symbolique libérera votre tête et vous aidera à mieux dormir pour encore mieux affronter la journée de demain.

12

JUIN

5 h 51 · 21 h 50

St Guy

“ Il faut se concentrer
sur ce qu’il nous reste et non
sur ce qu’on a perdu. ”

Yann Arthus-Bertrand

Plaisir parfumé

Prenez l'habitude de cuisiner avec des herbes aromatiques qui parfumeront agréablement vos plats, les rendront délicieux, savoureux et plus digestes. Adoptez le romarin, la ciboulette, la sauge, l'aneth, l'estragon...

13
JUIN

☀ 5 h 51 ☀ 21 h 50

St Antoine de Padoue

“ Celui qui se préoccupe
du passé n'aura
aucun avenir. ”

Sagesse populaire

Les podcasts humoristiques, rire pour oublier le stress

S'évader dans un monde d'histoires drôles et d'anecdotes amusantes avec des podcasts dédiés à l'humour peut transformer un moment de tension en une pause de plaisir et de rire.

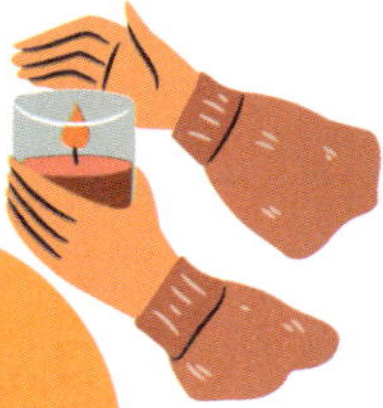

14
JUIN

5 h 51 21 h 51

St Élisée

« Si on ne voulait qu'être heureux, cela serait bientôt fait. Mais on veut être plus heureux que les autres et cela est presque toujours difficile parce que nous croyons les autres plus heureux qu'ils ne sont. »

Montesquieu

Ravivez votre énergie

Pour réconforter votre corps et votre esprit, adoptez la position de yoga nommée « le vieux Shiva » : asseyez-vous, genoux repliés contre la poitrine, levez vos pieds, contractez les abdominaux, fermez les yeux et imaginez que l'énergie de votre corps se rassemble et tourbillonne dans votre corps : si vous ressentez de la chaleur, c'est que ça fonctionne !

“ Il est temps de vivre la vie
que tu t'es imaginée. ”

Henry James

Mangez mieux !

Vous connaissez la chanson, manger moins gras, moins sucré, moins salé, c'est bon pour la santé ! Petit rappel pour vous donner envie de rééquilibrer votre assiette. Manger mieux, c'est augmenter votre espérance de vie en protégeant votre cœur et vos artères. Manger mieux en diversifiant, c'est faire plaisir à vos yeux et à vos papilles, donc ça augmente votre capital bonheur du jour. Manger mieux, c'est donner une meilleure image de vous-même, vous voulez vraiment ressembler à une pizza ?!

“Marcher vraiment,
c'est aller au rythme de la
fleur qui s'ouvre.”

Michel Jourdan

Embrassez un arbre

Allez à la rencontre de la nature et choisissez un arbre qui vous inspire confiance. L'acte d'embrasser un arbre, de sentir l'écorce contre votre peau et de fermer les yeux pour ressentir l'énergie naturelle, peut être incroyablement apaisant. Les arbres sont des symboles de force et de résilience, et cette connexion peut vous aider à absorber ces qualités, réduisant ainsi le stress.

17

JUIN

5 h 51 21 h 52

St Hervé

“ Accepte ce qui est,
laisse aller ce qui était,
aie confiance en
ce qui sera. ”

Bouddha

Frottez-vous les mains !

Repoussez le stress du bout des doigts ! Frottez vos mains avec énergie, elles seront ainsi réchauffées et plus souples. D'une main, avec le pouce et l'index, pincez entre les doigts de l'autre main. Répétez l'opération trois fois de chaque côté. Alors, on se sent mieux ?

18

JUIN

5 h 51 — 21 h 52

St Léonce

“ Il faut toujours se réserver
le droit de rire le lendemain
de ses idées de la veille. ”

Napoléon Bonaparte

Les bienfaits du soleil

Profitez des journées ensoleillées pour recharger les batteries. Laissez les rayons caresser votre peau (protégée par une crème !), mettez votre tête en arrière et ouvrez la bouche. Imaginez-vous manger le soleil ! Il paraît que les rayons traversent l'émail des dents et purifient les couches internes de la peau sans l'endommager.

19
JUIN

5 h 51 21 h 53

St Romuald

« Nous avons deux choix dans
la vie : le premier est d'accepter
les choses comme elles sont
et la deuxième est de prendre
la décision de les changer. »

Denis Waitley

Apprenez à abandonner

Cessez de vouloir tout contrôler tout le temps. Apprenez à faire confiance à la vie. D'ailleurs, les meilleures choses arrivent toujours sans qu'on les planifie. Alors, lâchez prise et cessez de vous forcer à prévoir l'invisible et l'imprévisible !

20
JUIN
5 h 51 — 21 h 53
St Silvère

« Non s'efforcer vers
le plaisir mais trouver son
plaisir dans l'effort même,
c'est le secret de mon
bonheur. »

André Gide

Cure détox d'été : vivifiez votre organisme

L'été est idéal pour une cure détox légère qui nettoie et revigore. Commencez par trois jours sans caféine, alcool, et produits transformés. Buvez abondamment de l'eau infusée avec des rondelles de citron et de concombre pour une hydratation rafraîchissante. Poursuivez avec des repas à base de salades croquantes garnies de fruits d'été et d'herbes fraîches. Terminez avec une journée de jus frais et de smoothies aux fruits rouges. Intégrez des balades matinales pour dynamiser votre routine. Vous voilà prêt à savourer l'été en pleine forme !

21
JUIN

5 h 51 – 21 h 53

Été • St Rodolphe

« Si vous cessez de vous
identifier au corps et restez
détendu en toute conscience,
à ce moment précis, vous serez
heureux et en paix. »

Ashtavakra Gita

Un verre d'eau chaude

Rien de mieux qu'un verre d'eau tiède ou chaude pour chasser la fatigue et retrouver tonus et dynamisme. Les effets sur le corps sont nombreux : digestifs, stimulants, purifiants, apaisants...

« Le but de la vie est
le développement personnel.
Parvenir à une parfaite réalisation
de sa nature, c'est pour cela que
nous sommes tous ici. »

Oscar Wilde

Chanter sous la douche

La salle de bains devient votre scène personnelle, où vous pouvez laisser libre cours à votre voix sans jugement. L'eau chaude couplée à l'acoustique de la salle de bains crée un environnement parfait pour se détendre et se libérer du stress. Cela libère des endorphines, les hormones du bien-être, qui combattent le stress.

23
JUIN
5 h 52 21 h 53
Ste Audrey

« Toute sortie est
une entrée quelque
part ailleurs. »

Tom Stoppard

Pratiquez la non-connexion

Il a été prouvé que rester connecté constamment sur son téléphone, son ordinateur ou sa tablette est une véritable source de stress qui se ressent de plus en plus dans notre société. Il est recommandé de pratiquer la non-connexion consciente et de choisir des horaires pour la consultation de vos mails, pour répondre aux messages sur les réseaux sociaux ou pour flâner sur Internet. Vous verrez, votre temps aura plus de valeur.

“ Seul l’arbre qui a subi
les assauts du vent est vraiment
vigoureux, car c’est dans cette
lutte que ses racines, mises
à l’épreuve, se fortifient. ”

Sénèque

Fixez-vous des objectifs clairs

Pour aller de l'avant, il faut viser juste : un projet clair, longuement mûri, est toujours plus facilement réalisable. Réfléchissez à vos aptitudes et vos lacunes pour vous diriger vers un but concret. Les critiques d'autrui seront plus profitables si vous êtes posé et déterminé.

5 h 53 · 21 h 53

St Prosper

“ Il y a plus de courage
que de talent dans la plupart
des réussites. ”

Félix Leclerc

Faire des bulles

L'action de souffler des bulles oblige à respirer profondément et à se concentrer sur l'activité, ce qui peut avoir un effet méditatif. Observer les bulles flotter et éclater peut être une métaphore pour laisser aller les soucis et le stress.

26

JUIN

5 h 53 · 21 h 53

St Anthelme

“ Un homme qui ne
marche pas ne laisse
pas de traces. ”

Georges Wolinski

Créez vos rituels porte-bonheur

Dès que vous le pouvez, faites de chaque situation un moment privilégié en vous concentrant pour créer un véritable instant de plénitude. Même vous brosser les dents peut devenir intense et porteur de joie : un peu de musique, des respirations lentes et conscientes, un bain de bouche fait maison… il suffit de le vouloir !

“Ce qui te manque,
cherche-le dans
ce que tu as.”

Proverbe zen

Stress et chute des cheveux

Le stress est aussi un facteur qui peut entraîner la perte des cheveux. Une cure de magnésium vous évitera ce type de souci, le magnésium étant un régulateur naturel de l'excitabilité nerveuse. Notez que l'eau d'Hépar en est très riche ! Il est important de vous offrir de vrais moments de détente.

28
JUIN

5 h 54 — 21 h 53

St Irénée

« Ne te presse pas :
cela oppresse. »

Claude Roy

Le jardinage nocturne

Essayez de jardiner sous la lumière de la Lune pour une expérience paisible et mystique. Le calme de la nuit peut augmenter votre connexion avec la nature et vous offrir un moment de tranquillité profonde. Essayez de vider l'esprit et de vous concentrer seulement sur ce que vous êtes en train e faire. Et respirez calmement.

29

JUIN

5 h 55 21 h 53

St Pierre, St Paul

“Nous sommes si peu capables d’effort pour comprendre les autres.”

Jules Renard

Le maquereau

Ce poisson se doit de réapparaître dans votre assiette ! Bon marché et facile à trouver toute l'année, il contient des oméga-3, des protéines, du phosphore, du magnésium et du sélénium. Comment le déguster ? Grillé au four à 240 °C pendant 15 minutes et servi avec une concassée de tomates au persil. Pas de chichi, c'est facile à faire et c'est délicieux !

30

JUIN

5 h 55 – 21 h 53

St Martial

“Tous admirent le paon.
Alors les oiseaux disent :
Mais regardez ses pattes,
et écoutez sa voix ! ”

Proverbe japonais

La détente selon les stars

Pour se détendre, Jennifer Lopez apprécie de se glisser dans un bain bien chaud ou de s'installer dans un sauna. Madonna, tout comme Gwyneth Paltrow, fait confiance au yoga pour rester zen en toutes circonstances. Nicole Kidman, Gisele Bündchen et Lucy Liu préfèrent, quant à elles, se défouler avec un jogging. Pour finir, Monica Bellucci a trouvé une solution moins fatigante, elle s'offre des soins de balnéothérapie !

1er
JUILLET

5 h 56 — 21 h 53

St Thierry

“Il n’y a pas d’efforts inutiles, Sisyphe se faisait des muscles.”

Roger Caillois

Habiller ses animaux

Cette activité ludique peut
créer des moments de rire
et de bonheur, en plus de renforcer
le lien avec votre animal.
Assurez-vous simplement
que l'animal est à l'aise
et heureux avec
le vêtement.

2
JUILLET
5 h 56 21 h 52
St Martinien

« S'il veut être en paix
avec lui-même, un musicien
doit faire de la musique,
un peintre peindre,
un poète écrire. »

Abraham Maslow

Un superfruit pour la jeunesse

Si les fraises, les myrtilles et les pêches sont souvent célébrées pour leurs propriétés antioxydantes, la cranberry mérite une attention particulière. Ce petit fruit rouge est exceptionnellement riche en antioxydants, surpassant de nombreux autres fruits dans la lutte contre les radicaux libres qui accélèrent le vieillissement. Consommer régulièrement de la cranberry peut aider à réduire les hormones de stress, améliorant ainsi votre bien-être général. Elle joue également un rôle crucial dans la préservation de la santé cardiovasculaire et la protection de la peau contre les signes prématurés de vieillissement. Ajoutez ce superfruit à votre régime pour booster votre santé et garder une peau jeune et éclatante.

3

JUILLET

5 h 57 21 h 52

St Thomas

“ Qui a confiance en
soi conduit les autres. ”

Horace

Un chat pour être relax

C'est prouvé, le ronronnement du chat procure la relaxation, la douceur de ses poils apporte un apaisement de tous les instants. En plus de sa compagnie dans les moments de solitude, le chat chassera une grande partie du stress qui ronge votre bonne humeur.

4

JUILLET

5 h 58 — 21 h 52

St Florent

“Le fait qu'il soit mort
ne prouve pas qu'il ait vécu.”

Stanislaw Jerzy Lec

La danse des doigts

Ce petit exercice peut être fait n'importe où, n'importe quand. Il s'agit de taper des doigts sur une surface en rythme avec une musique, créant une distraction amusante qui peut alléger le stress.

5

JUILLET

5 h 59 · 21 h 51

St Antoine

“ Votre situation actuelle
ne reflète pas votre
potentiel ultime. ”

Anthony Robbins

Les prébiotiques et le stress

Des études ont prouvé que consommer au moins 5 grammes de prébiotiques par jour permet de réduire des symptômes anxieux et dépressifs.

“ Le secret du bonheur
c'est l'alignement entre ce
que vous pensez, ce que vous
dites et ce que vous faites. ”

Gandhi

Attention au taux de zinc !

Des études japonaises ont conclu qu'un faible taux de zinc, de cuivre et de manganèse augmente le risque de dépression et d'anxiété. N'hésitez pas à consommer des nutriments qui en contiennent comme les coquillages, le jaune d'oeuf, la viande rouge...

7

JUILLET

6 h 00 21 h 50

St Raoul

« L'*homo consumes* vit dans l'illusion du bonheur, tout en souffrant inconsciemment de son ennui et de sa passivité. Plus il détient de pouvoir sur les machines, et plus il devient impuissant en tant qu'être humain ; plus il consomme et plus il devient esclave de ses besoins croissants créés et manipulés par le système industriel. »

Erich Fromm

Coloriage absurde

En coloriant de manière non conventionnelle, vous brisez les règles et les attentes, ce qui peut être libérateur et réduire la pression mentale. Cela permet de s'exprimer librement et de réduire le stress.

“ L’espace d’une vie
est le même, qu’on le passe
en chantant ou en pleurant. ”

Proverbe japonais

Étirez-vous !

Les étirements permettent de sentir chaque centimètre de son corps, tout en se détendant. N'hésitez pas à multiplier les étirements : au réveil, après la sieste et au moins trois fois par jour au bureau. Pour ne pas vous faire mal, faites-les toujours doucement, en respirant bien.

“Le sommeil est pour
l'ensemble de l'homme
ce que le remontage
est à la pendule.”

Arthur Schopenhauer

La couleur bleue

C'est une couleur qui évoque l'inspiration, la paix et la tranquillité. Elle est prisée pour la méditation car elle arrive à apaiser le mental et à créer un environnement reposant. Le bleu donne l'impression d'expansivité. Par exemple, une pièce peinte en bleu donnera l'impression de plus de volume qu'elle n'en a réellement.

10

JUILLET

6 h 03 · 21 h 48

St Ulrich

Ce n'est pas la volonté
de réussir qui compte, tout
le monde a ça. C'est la volonté
de se préparer à réussir
qui compte.

Paul Bryant

Marcher à l'envers

Cette activité change votre perception habituelle et demande une concentration immédiate, aidant ainsi à éliminer les pensées stressantes. Elle introduit une nouveauté ludique dans votre routine.

“Le stress, c’est comme
la drogue. Plus tu en prends,
plus tu es dépendant.”

Anonyme

Écrivez un poème

Parfois, les problèmes sont si nombreux qu'on ne sait plus par quel bout les prendre. Avez-vous pensé à les coucher sur le papier ? En créant un poème structuré, ils vous apparaîtront plus clairs. Les solutions vous attendent sans doute à la dernière rime !

12
JUILLET

6 h 05 21 h 47

St Olivier

“Nous devons nous y habituer, aux plus importantes croisées des chemins, il n’y a pas de signalisation...”

Ernest Hemingway

Fixez-vous un idéal

Pour avancer de façon sereine
et déterminée, il est primordial de vous
fixer un objectif, un idéal, un but suprême.
Ainsi, lorsque vous devrez prendre des
décisions, changer et avancer, vous ne
serez pas rongé par l'angoisse et le doute.
L'unique question que vous aurez
besoin de vous poser serait :
« Est-ce que ma décision est en
harmonie avec mon idéal ? »

13

JUILLET

6h06 21h46

St Henri, St Joël

« Si tu ne trouves pas
la vérité à l'endroit où tu es,
où espères-tu la trouver ? »

Dogen

Rire de soi dans le miroir

L'auto-dérision devant un miroir peut aider à relativiser les problèmes et à réduire la tension. Cela encourage à ne pas se prendre trop au sérieux et à abaisser les niveaux de stress.

14

JUILLET

☀ 6 h 07 ☀ 21 h 45

Fête nationale • St Camille

“ De temps en temps,
il faut se reposer
de ne rien faire. ”

Jean Cocteau

Kôan zen

Un jeune moine, qui venait d'arriver dans le monastère chinois de l'école Lin-tsi, s'adressa au grand maître Tchao-tchou :

– Je suis nouveau ici. Pourriez-vous me donner un renseignement ?

– As-tu mangé ta soupe de riz ? demanda Tchao-tchou.

– Oui, répondit le moine.

– Alors, va laver ton bol !

“ Notre plus grande gloire
n'est pas de ne jamais tomber
mais de nous relever après
chaque chute... ”

Confucius

Vivez avec votre époque !

L'époque où la cuisine était un territoire réservé aux femmes est révolue ! Si vous remarquez que votre homme serait absolument perdu sans vos talents de femme de ménage, cuisinière et intendante, c'est le moment de réagir : essayez de le rendre autonome de manière progressive. Commencez par lui montrer où est rangé l'aspirateur !

16

JUILLET

6 h 09 21 h 44

Notre-Dame du Mont Carmel

“L’homme qui peut se mettre
à la place des autres, qui peut
comprendre le mécanisme
de leurs pensées, celui-là
n’a pas à s’inquiéter de ce
que l’avenir lui réserve.”

Arthur Young

Les bienfaits des poivrons

Le poivron est un véritable trésor nutritionnel, contenant deux fois plus de vitamine C que le citron. Le poivron rouge, en particulier, est riche en carotène, précurseur de la vitamine A, essentielle pour un système immunitaire robuste. Il est également source de minéraux précieux comme le potassium, le calcium, le phosphore, le magnésium et le fer, contribuant tous à diminuer la sensation de fatigue.

“ Mon pied droit est jaloux
de mon pied gauche. Quand
l'un avance, l'autre veut le dépasser.
Et moi, comme un imbécile,
je marche ! ”

Raymond Devos

Le bonheur

« Ne visez pas le succès.
Plus vous en ferez un but, moins vous l'atteindrez. Car on ne peut pas poursuivre le succès, pas plus qu'on ne peut poursuivre le bonheur. Ils ne sont que des effets secondaires du dévouement que l'on manifeste pour une cause plus grande que soi-même ou de l'abandon que l'on peut éprouver envers une autre personne. Le bonheur, comme le succès, arrive quand on ne s'y attend pas. »

Viktor Frankl

18
JUILLET
6 h 11 — 21 h 42
St Frédéric

“ Le monde a progressé uniquement grâce aux choses impossibles qui ont été réalisées. ”

André Maurois

Arrêtez votre cinéma !

On est nombreux à croire que
la vie est un mélodrame, avec ses actions
passionnées, brutales et turbulentes.
De manière théâtrale, on réagit trop souvent
excessivement au moindre obstacle,
à la moindre péripétie. On oublie trop
souvent que la vie n'est ni si compliquée,
ni si grave. Arrêtez dès aujourd'hui de
vous faire tout un cinéma pour
pas grand-chose.

19
JUILLET

6 h 12 21 h 41

St Arsène

Hâtons-nous aujourd'hui
de jouir de la vie ; qui sait
si nous serons demain ?

Jean Racine

Concert privé de karaoké inversé

Transformez votre salon en une scène de karaoké où vous chantez avec des écouteurs, et les autres doivent deviner la chanson. Non seulement cela vous libère de l'embarras de chanter fort, mais cela ajoute un élément de mystère et d'interaction. Choisissez des chansons dynamiques pour vous défouler, et laissez les spectateurs participer en devinant. Cela crée une ambiance joyeuse et décalée, réduisant le stress par le rire et le partage.

“ Le profane trouve son
bonheur dans le clinquant
et la nouveauté. Le sage se réjouit
de l’ordinaire. ”

Sagesse zen

Révisez votre définition du succès !

Il est très facile de se laisser emporter par la soif de succès ! On passe sa vie à collectionner les réussites, à quémander la reconnaissance, à jouir des compliments. En faisant ceci, on perd de vue l'essentiel. On se perd.

“ L'oubli est une grâce. ”

Julien Green

Se fixer des limites, c'est se limiter tout court !

Faites attention, le fait de se fixer des limites demande de les adopter ! Si vous vous répétez tout au long de la journée que vous n'allez pas y arriver, que c'est trop dur et que vous n'êtes pas capable, forcément cela deviendra votre réalité.

22
JUILLET

6 h 16 21 h 37

Ste Marie-Madeleine

« Voici le miracle qui se
reproduit à chaque fois
pour ceux qui aiment
vraiment ; plus ils donnent,
plus ils sont riches. »

Rainer Maria Rilke

L'équilibre des six saveurs

Dans la tradition de l'Âyurveda, l'équilibre des six saveurs est essentiel non seulement dans la cuisine mais aussi dans les relations sentimentales. Pour une harmonie dans la vie de couple, il est important de mélanger judicieusement douceur, acidité, amertume, piquant, salé, et astringent. Comme en cuisine, où chaque saveur a sa place pour créer un plat équilibré, dans une relation, ces différentes « saveurs » émotionnelles contribuent à un équilibre harmonieux. Une relation épanouie nécessite donc de savoir doser ces éléments, ajoutant de la tendresse, un peu de défi, de la profondeur, du piquant, de la solidité, et de la réflexion.

23

JUILLET

☀ 6 h 17 ☀ 21 h 36

Ste Brigitte

“Ce qui ne tue pas renforce.”

Friedrich Nietzsche

Relâchez les mâchoires

La mâchoire est une zone qui accumule les tensions. Essayez cet exercice pour vous détendre : serrez assez fortement les dents. Là où les muscles se contractent, c'est l'articulation temporo-mandibulaire, qui provoque essentiellement des tensions au niveau de cette zone. Puis, avec l'index et le majeur effectuez des mouvements circulaires légers à cet endroit.

24

JUILLET

6 h 18 · 21 h 35

Ste Christine, Ste Ségolène

“Ne craignez pas
d’être lent, craignez seulement
d’être à l’arrêt.”

Proverbe chinois

Réveillez votre fluide vital

Réactivez votre énergie avec cet exercice simple à faire assis, le dos bien droit. Regardez votre main droite, paume face au visage. Étirez vos doigts vers l'arrière avec la main gauche, puis tendez votre bras pour l'étirer en entier. Renouvelez l'exercice 3 fois de chaque côté. Terminez en pressant vos mains l'une contre l'autre, doigts bien pointés vers le ciel.

25
JUILLET
6 h 20 21 h 34
St Jacques

“ Ce que nous sommes
est le résultat de ce que
nous avons pensé. ”

Bouddha

Une forteresse de coussins de luxe

Utilisez tous les coussins, oreillers et couvertures de votre maison pour construire la forteresse la plus extravagante et confortable. Installez-y des lumières, des guirlandes, et même un espace pour des en-cas. Cette activité stimule la créativité, offre un refuge physique et émotionnel, et transforme un espace quotidien en un lieu magique. L'acte de construction peut être thérapeutique, focalisant votre esprit sur une tâche constructive et éloignant les pensées stressantes.

26

JUILLET

☀ 6 h 21 ☀ 21 h 33

Ste Anne, St Joachim

“ Le bonheur ne consiste
pas à acquérir et à jouir,
mais à ne rien désirer,
car il consiste à être libre. ”

Épictète

Stop aux crampes

Pour décontracter le mollet,
serrez le muscle fermement
en l'écartant de l'os et pétrissez-le
énergiquement avec vos deux mains.
Relâchez. Puis, effectuez un doux
massage pour calmer
les tissus.

27
JUILLET
6 h 22 · 21 h 31
Ste Nathalie

“ Se connaître soi-même,
c’est s’oublier. S’oublier soi-même,
c’est s’ouvrir à toute chose. ”

Dôgen

L'eau, c'est la vie !

Oui, il faut boire régulièrement. Surtout le matin, pour compenser la sécheresse de la nuit, puis un litre et demi par petites gorgées tout au long de la journée. On vous conseille d'éviter les eaux gazeuses qui stockent le sel. Mais vous pouvez vous régaler avec un bon thé ou un café sans sucre.

28

JUILLET

6 h 23 · 21 h 30

St Samson

“ Il est toujours trop tôt
pour abandonner. ”

Norman Vincent Peale

Jardinage de fantaisie intérieur

Créez un petit jardin intérieur avec des plantes exotiques, des fleurs, voire des petits légumes ou des herbes… Rajoutez des figurines féeriques ou des créations artistiques. Investissez du temps dans l'arrangement de ce petit monde, en choisissant des plantes qui nécessitent soin et attention. Cela favorise la pleine conscience, connecte avec la nature et offre un exutoire créatif, transformant le soin des plantes en une activité méditative qui soulage le stress.

29

JUILLET

6 h 25 21 h 29

Ste Marthe

“ Nul besoin de temples,
nul besoin de philosophies
compliquées. Notre cerveau
et notre cœur sont
nos temples. ”

Proverbe zen

Connaissez-vous la pressothérapie ?

La pressothérapie permet d'éliminer les toxines de son corps, stimuler la circulation sanguine et affiner ses jambes. Des bottes de vinyle, qui enveloppent les jambes et permettent des pressions régulières, vous masseront tandis que vous vous reposerez, confortablement installé dans un fauteuil...

30

JUILLET

☀ 6 h 26 ☀ 21 h 27

Ste Juliette

« Sourire trois fois tous
les jours rend inutile tout
médicament. »

Proverbe chinois

Du temps pour les amis

À cause du stress, on a tendance à vouloir rester chez soi, ne plus voir personne et se renfermer sur soi-même. Pour aller de l'avant, il faut passer du temps avec vos proches. Cela vous permettra de partager vos inquiétudes, vos craintes et de penser à autre chose. Ainsi, vous relativiserez et prendrez du recul.

31

JUILLET

6 h 27 — 21 h 26

St Ignace de Loyola

“ Le bonheur est possible
et il vaut mieux aller à sa rencontre
qu'en écouter le récit. ”

Christophe André

Utilisez vos bons souvenirs

Chaque moment passé en famille ou entre amis entraîne son lot de bons souvenirs. Lorsque le moral baisse ou que l'anxiété s'empare de vous, prenez le temps de vous poser et d'y repenser. Replongez-vous à 100% dans ces souvenirs et ressentez-en à nouveau les émotions. Le corps a une mémoire sensorielle des émotions positives, il serait bien dommage de ne pas en profiter !

“ Tant que l'homme sera mortel, il ne sera jamais décontracté. ”

Woody Allen

Les vertus du safran

Le safran est reconnu pour ses bienfaits sur l'humeur et la tranquillité d'esprit. Utilisé depuis longtemps en médecine persane et chinoise, il est réputé pour ses propriétés apaisantes et améliorant l'état d'esprit. Bien qu'il faille le consommer avec modération, il est facile de l'incorporer à l'alimentation en l'ajoutant à des plats comme le riz, les pâtes ou les soupes. Le safran est aussi apprécié en infusion, recommandée le soir pour favoriser un sommeil de qualité ou pendant la journée pour atténuer le stress, avec une dose conseillée de 30 à 60 mg par jour.

2

AOÛT

6 h 29 — 21 h 23

St Julien

“Le bonheur vient
de l’attention aux petites choses,
et le malheur de la négligence
des petites choses.”

Xiang Xu

Le rituel du coucher

Le soir, instaurez un rituel de calme pour plonger détendu dans les bras de Morphée : buvez une tisane, faites brûler de l'encens, allumez une bougie, écoutez de la musique reposante, regardez les étoiles, écrivez un poème… Laissez libre cours à votre inspiration.

3

AOÛT

6 h 30 21 h 22

Ste Lydie

“ Les hommes sont comme
cela : quand ils marchent,
ils regardent devant eux.
Ils n’avancent pas en
fixant leurs pieds. ”

Éric-Emmanuel Schmitt

Bouillon de détente

Si vous avez la chance de passer une journée dans un spa, profitez des bains bouillonnants ! Attention à ne pas vous endormir dedans car ils apportent une réelle détente qui vous fera oublier tout le reste. Voyez comme une simple émulsion d'air et d'eau chaude vous réconfortera et embellira votre peau.

4
AOÛT
6 h 31 21 h 20
St Jean-Marie Vianney

« L'alimentation est la première des médecines. »

Les Upanishad

Chasse au trésor épique à domicile

Organisez une chasse au trésor thématique chez vous, avec des énigmes complexes et des prix extravagants. Invitez des amis ou de la famille à participer, ou faites-le en solo. Cette aventure transforme votre environnement familier en un monde de mystère et d'excitation, stimulant votre cerveau de manière ludique et distrayante en éloignant les soucis quotidiens.

5
AOÛT
6 h 33 · 21 h 19
St Abel

“Il faut se laver les yeux
avant chaque regard.”

Proverbe arabe

Les oeufs

Ils regorgent d'antioxydants,
de vitamines, de minéraux,
d'acides aminés et surtout de choline,
nutriment qui joue un rôle primordial
dans la santé mentale. Vous savez
donc ce qu'il faut rajouter à votre
petit-déjeuner.

6
AOÛT

6 h 34 — 21 h 17

St Octavien

> Le dard du mépris perce
> l'écaille de la tortue.

Proverbe indien

Le top 10 des aliments anti-déprime

1. Saumon
2. Graines de lin
3. Bananes
4. Chocolat noir
5. Fruits séchés
6. Légumineuses
7. oeufs
8. Noix du Brésil
9. Légumes verts
10. Agrumes

“ L’homme de bien cherche en lui-même, l’homme mesquin cherche chez autrui. ”

Confucius

Création de mode recyclée

Choisissez de vieux vêtements et transformez-les en tenues spectaculaires avec de la peinture, des paillettes, et des accessoires insolites. Organisez un défilé de mode chez vous pour présenter vos créations. Cela permet de canaliser l'énergie créative, de réduire le stress par l'expression artistique, et d'offrir un regard neuf et ludique sur des objets familiers.

8
AOÛT

6 h 37 21 h 14

St Dominique

“ C'est par la foi que
l'on peut traverser les courants.
Et c'est par la sagesse que
l'on obtient la pureté. ”

Bouddha

La peinture pour se ressourcer

Il fait beau ce week-end et vous ne savez pas comment en profiter ? Posez-vous sur un coin d'herbe avec du matériel de dessin ou de peinture. Tentez de représenter le paysage que vous avez devant vous sur votre toile. Même si le résultat est médiocre, vous aurez vidé votre esprit et retrouvé des forces pour affronter la semaine qui arrive !

“ Maintenez vivante en
vous la faculté de l’effort en
la soumettant chaque jour à un
petit exercice sans profit. ”

William James

Faites plaisir !

Apprenez à dire des choses gentilles aux autres : soutenez-les, complimentez-les et écrivez des doux mots à l'élu de votre coeur. Tout cela vous apportera confiance et énergie positive. Si vous avez du mal à vous exprimer, manifestez-vous autrement, via des petites attentions ou de jolis cadeaux. Faire plaisir aux autres, sans rien attendre en retour, est très gratifiant.

10

AOÛT

6 h 40 · 21 h 10

St Laurent

“Qui donne ne doit jamais s’en souvenir. Qui reçoit ne doit jamais oublier.”

Proverbe hébreu

Safari photographique dans le quartier

Prenez votre appareil photo ou votre smartphone et partez à la découverte de votre quartier comme si c'était une expédition sauvage. Cherchez des « animaux » (animaux domestiques ou oiseaux), des « paysages exotiques » (jardins et parcs), et des « tribus locales » (scènes de rue). Cette activité stimule la créativité, encourage l'exploration et la marche, et offre une nouvelle perspective sur des scènes quotidiennes, transformant le stress en curiosité et en admiration.

11
AOÛT
6h41 21h09
Ste Claire

“Celui qui ne sait pas
se fâcher est un sot, mais celui
qui ne veut pas se fâcher
est un sage.”

Proverbe chinois

Les bons étirements

Pour entretenir la santé de vos épaules et de votre dos, joignez vos mains, étirez vos bras vers le plafond et poussez durant quelques secondes sur vos paumes pour vous allonger. Ensuite, penchez-vous doucement à gauche puis à droite. À faire dès que la tension se fait ressentir !

“Soyez assis avec toute
la majesté inaltérable et
inébranlable de la montagne.
Laissez votre esprit s'élever,
prendre son essor et planer
dans le ciel.”

Sogyal Rinpoché

Points à masser pour lutter contre la fatigue

Juste au-dessous du genou, au niveau du creux formé par la jonction du tibia et du péroné. Sur le bras, à deux doigts du poignet, entre les deux os. Sur le ventre, à deux doigts sous le nombril. Appuyez fermement avec le pouce ou tournez dans le sens des aiguilles d'une montre, puis dans l'autre.

“Si tu as de nombreuses richesses, donne de ton bien ; si tu possèdes peu, donne de ton cœur.”

Proverbe berbère

Ateliers culinaires du monde

Organisez une soirée culinaire hebdomadaire où vous explorez la cuisine d'un pays différent. Faites des recherches pour créer un menu authentique, décorez votre espace pour refléter la culture, et habillez-vous en conséquence. Cela offre une évasion culturelle, stimule la créativité culinaire, et transforme le repas en une expérience immersive et distrayante.

“ La cause du succès ou
de l'échec relève beaucoup
plus d'une attitude mentale que
d'une capacité mentale. ”

Walter Scott

Saisissez la chance

Dans la vie, certaines situations arrivent par hasard, c'est vrai. Mais si vous attendez que la chance vous sourie, vous pouvez attendre longtemps avant que les bonnes choses ne se passent. Ne laissez pas le hasard contrôler votre vie car c'est une source de stress et de peur. Mais saisissez votre chance et commencez à réaliser les choses par intention, avec vos capacités.

15

AOÛT

6 h 46 21 h 02

Assomption • Ste Marie

« Si tu es en peine à cause
d'une chose extérieure, ce n'est
pas cette chose qui te trouble,
c'est le jugement que
tu portes sur elle. »

Marc Aurèle

Acceptez les reproches

Partez du principe qu'on ne peut pas plaire à tout le monde et apprenez à faire face aux reproches que l'on vous fait. Essayez de rester objectif au maximum, même si vous êtes vexé. Envisagez ces reproches comme quelque chose de constructif, vous permettant d'aller de l'avant. Remettez-vous sincèrement en question et, la prochaine fois, on vous fera certainement des compliments.

16

AOÛT

6 h 48 21 h 00

St Armel, St Roch

“Tourne-toi vers
le soleil et l'ombre sera
derrière toi.”

Proverbe maori

Retraite de silence urbaine

Planifiez une journée de silence total
chez vous, sans appareils électroniques,
pour vous reconnecter avec vous-même.
Utilisez cette journée pour méditer,
lire, écrire, ou pratiquer le yoga.
Cette pause dans le bruit
quotidien peut être
incroyablement régénératrice
et aider à réduire le stress en favorisant
l'introspection et le calme.

17
AOÛT

6h49 20h58

Ste Jeanne

“ Apprendre à s’aimer
est le plus court chemin
en direction du bonheur. ”

Sagesse populaire

Acceptez !

Aussi doux ou au contraire difficile soit le passé, c'est un temps révolu. Aussi dur soit le présent, ce temps est la seule réalité sur laquelle nous avons un pouvoir, que nous avons la possibilité d'agir et changer. Mais pour cela, il faut tout d'abord accepter le présent tel qu'il est, tout entier. Cette acceptation nous délivrera de la souffrance et nous donnera la force de changer les choses.

“ Toutes les grandes choses coûtent beaucoup, les grands efforts abattent et les puissants remèdes affaiblissent. ”

Vincent Voiture

Occupez-vous de votre plexus

Il est situé au centre du thorax, à l'endroit où les côtes s'éloignent. C'est la zone qui accumule toutes les tensions, il est primordial de la détendre. Posez vos index, majeur et annulaire dessus et exercez une légère pression, en dessinant de petits cercles dans le sens des aiguilles d'une montre. Commencez consciemment à ralentir votre respiration et appréciez la détente.

19
AOÛT

6 h 52 · 20 h 54

St Jean Eudes

“ L’apaisement réside
en chacun de nous. ”

Proverbe zen

Marathon de films rétro

Choisissez une décennie et organisez un marathon de films classiques de cette époque, avec des en-cas et des boissons thématiques. Cette immersion dans une autre époque peut fournir une distraction divertissante et un sentiment de nostalgie, offrant une échappatoire au stress actuel.

20
AOÛT
6 h 53 — 20 h 52
St Bernard

“ Un voyage de mille lieues
a commencé par un pas. ”

Lao-Tseu

Laissez couler !

Difficile d'avancer depuis votre dernière rupture ? Fermez les yeux et imaginez une rivière. Vous êtes tellement tourné vers le passé que cette rivière est gelée, immobile, comme morte : il s'agit de votre vie. Puis vous vous apercevez que, par endroits, la glace commence à fondre, vous voyez l'eau couler, doucement puis abondamment : votre vie reprend son sens. Suivez le cours de la rivière, avancez et ne regardez plus en arrière.

“ Les enfants sont à un point impliqués dans l'attitude psychologique de leurs parents qu'il n'est pas étonnant que la plupart des désordres nerveux de l'enfance puissent être imputés à l'atmosphère psychique perturbée qui règne à la maison. ”

Carl Gustav Jung

Un bain apaisant

Trop souvent, prendre un bain se réduit à ajouter quelques sels parfumés dans la baignoire, y plonger pour se laver et en sortir. On passe ainsi à côté de l'essentiel : réunir le corps et l'esprit, pendant quelques minutes au moins. Au Japon, le bain est un art de vivre à part entière, pris collectivement dans des sources d'eau chaude. Le bain sert à purifier l'esprit et non à se laver… Pensez-y !

22

AOÛT

☀ 6 h 56 ☀ 20 h 49

St Fabrice

“ Tu dois nourrir ta vie. ”

Proverbe chinois

Initiation à l'astronomie

Commencez à observer les étoiles et à apprendre les constellations, peut-être même en achetant un petit télescope. L'astronomie peut offrir une perspective sur la vastitude de l'univers, réduisant ainsi les soucis personnels. Finalement, on est si petits, non ?

“Il n’y a qu’une façon d’échouer c’est d’abandonner avant d’avoir réussi.”

Georges Clémenceau

Des bulles qui détendent

Faire des bulles avec votre enfant, ce n'est pas simplement amusant ! Observez avec lui les couleurs, les tailles et le déplacement de chaque bulle. L'effet relaxant est immédiat pour vous, et vous encouragez votre enfant à s'éveiller aux formes et aux couleurs !

“Nous sommes ce que nous pensons. Tout ce que nous sommes résulte de nos pensées. Avec nos pensées, nous bâtissons notre monde.”

Bouddha

Dites « je t'aime »

Aujourd'hui, dites à trois personnes que vous les aimez. Contactez-les et ouvrez votre coeur comme s'il ne vous restait pas beaucoup de temps à vivre. N'ayez pas honte de dire ce que vous ressentez vraiment, de dévoiler toutes vos émotions, de décrire tous vos ressentis. Vous serez bien étonné du bien-être que cela procure.

25

AOÛT

7h01 20h43

St Louis

“ Les passions sont les vents
qui enflent les voiles du navire ;
elles le submergent parfois mais sans
elles, il ne pourrait voguer. ”

Voltaire

Voyage virtuel

Utilisez la réalité virtuelle ou des visites en ligne pour explorer des musées, des parcs nationaux, ou des villes étrangères. Cela peut offrir une évasion temporaire et éducative, permettant d'explorer de nouveaux horizons sans quitter votre domicile.

“ La vie est une bougie
dans le vent. ”

Proverbe japonais

Soyez modeste

Humilité et tranquillité d'esprit marchent main dans la main. Moins vous vous sentirez obligé de parader, plus ce sera simple et facile d'être en paix avec vous-même et avec les autres. Vouloir à tout prix prouver votre valeur est un piège dangereux de l'ego car vous n'obtiendrez jamais satisfaction. La vraie et la seule reconnaissance valable est celle qui émane de l'intérieur de votre être.

27
AOÛT

7 h 03 20 h 39

Ste Monique

“ Tout s’anéantit, tout périt,
tout passe : il n’y a que
le monde qui reste, il n’y a
que le temps qui dure. ”

Denis Diderot

Voyez autrement les problèmes

Les obstacles sont toujours là, ils font partie de la vie. Le vrai bonheur ne se produit pas lorsque vous vous débarrassez de tous vos soucis, mais quand vous changez votre rapport aux problèmes, et que vous réussissez enfin à les considérer comme des moyens d'apprendre aussi bien la patience que l'humilité ou la sérénité.

28

AOÛT

7 h 05 — 20 h 37

St Augustin

“ Nous devons apprendre
à vivre ensemble comme
des frères, sinon nous allons
mourir tous ensemble
comme des idiots. ”

Martin Luther King

Les bienfaits des graines

Les graines comme le sésame, la courge, le lin, le chia et la citrouille sont non seulement tendance mais aussi bénéfiques pour la santé. Elles ajoutent du croquant et de la saveur aux salades et plats de légumes. Ces petites puissances nutritionnelles sont riches en Oméga 3, essentiels pour la santé cardiovasculaire et cognitive, et en tyrosine, un acide aminé favorable à l'équilibre nerveux. En période de stress ou pour un bien-être général, une consommation d'environ une cuillère à soupe par jour est recommandée. Pour varier, on peut également les intégrer à l'alimentation sous forme d'huiles, conservant ainsi leurs bienfaits nutritifs.

29
AOÛT
7 h 06 20 h 35
Ste Sabine

“Ne désirer que
ce qu'on a, c'est avoir tout
ce qu'on désire.”

P. -J. Chardin

Les situations stressantes

Tout d'abord, réfléchissez aux raisons pour lesquelles ces mêmes situations vous perturbent. Vous devriez souvent conclure que c'est parce qu'elles relèvent d'objectifs ou de désirs très importants pour vous et votre vie. Identifier ces raisons élimine une grande partie des tensions.

“ Le véritable voyage
de découverte ne consiste
pas à chercher de nouveaux
paysages, mais à avoir
de nouveaux yeux. ”

Marcel Proust

Cherchez d'abord à comprendre

S'efforcer tout d'abord de comprendre ce que l'autre veut dire est une stratégie sûre et rapide de rendre plus satisfaisants les contacts avec votre entourage. Cherchez à comprendre au lieu d'exiger qu'on vous comprenne. Sans cette qualité de la communication, vous ne pourrez pas établir des relations enrichissantes et positives.

31
AOÛT
7 h 09 20 h 31
St Aristide

“Tous les hommes pensent
que le bonheur se trouve au sommet
de la montagne alors qu'il réside
dans la façon de la gravir.”

Confucius

La peur

« Qui en moi est effrayé ? », c'est la première question que vous devez vous poser en situation stressante. Il est primordial de supprimer les couches de nos croyances avant d'entamer une réflexion. Donc, que vous dit votre voix intérieure ? À qui appartient-elle ?

“ Bonne est l’action qui
n’amène aucun regret et dont
le fruit est accueilli avec joie
et sérénité. ”

Bouddha

Festival de musique à domicile

Transformez votre salon
en scène de festival de musique.
Créez une liste de lecture des
performances live de vos artistes
préférés, portez des tenues de festival,
et dansez. Cela recrée l'énergie et
l'excitation d'un festival de musique,
stimulant l'endorphine et
réduisant le stress.

2

SEPTEMBRE

☀ 7 h 13 ☀ 20 h 26

Ste Ingrid

“Un mot d’affection peut réchauffer trois mois d’hiver.”

Proverbe japonais

Lavande aquatique

Vous rentrez d'une journée harassante, il ne reste plus qu'à vous faire couler un bon bain et à y verser quelques gouttes d'huile essentielle de lavande. En plus de la bonne odeur qui s'en dégage, cela vous relaxera et vous soulagera de vos tensions. À prendre juste avant de se coucher pour s'endormir zen.

3

SEPTEMBRE

7 h 14 20 h 24

St Grégoire

“ Le stressé respire
du stress et alimente
ainsi sa boucle. ”

Anonyme

Marcher pour être bien

Pour se maintenir en forme, on recommande au minimum 30 minutes de marche par jour. Mais saviez-vous que marcher aide aussi à se sentir joyeux ? En effet, la marche est une pratique apaisante qui contribue à la sécrétion d'endorphines, ces fameuses hormones qui sont à l'origine du bien-être et de la bonne humeur !

“ Le sourire que tu envoies…
revient vers toi. ”

Sagesse hindoue

Cours de poterie ou de peinture en ligne

Inscrivez-vous à un cours d'art en ligne pour apprendre une nouvelle compétence. Cela fournit une échappatoire créative, où se concentrer sur l'apprentissage d'une nouvelle technique peut aider à éloigner l'esprit des soucis quotidiens.

5

SEPTEMBRE

7 h 17 20 h 20

Ste Raïssa

“ Quand on ose,
on se trompe souvent.
Quand on n’ose pas,
on se trompe toujours. ”

Romain Rolland

Offrir et recevoir de la tendresse

Avant de vous coucher et même si vous êtes épuisé, prenez le temps de partager un moment tendre avec vos proches. Caressez les cheveux de votre enfant pour l'endormir, cherchez le contact avec votre conjoint… vous pouvez même offrir un câlin à votre chat ! Son ronronnement vous calmera et votre nuit ne sera que plus douce.

6

SEPTEMBRE

7 h 19 — 20 h 18

St Bertrand

“ Celui qui se connaît
lui-même est sage. ”

Lao Tseu

La cure magique

Pour retrouver votre énergie, faites une cure de jus de bouleau pendant trois semaines :

- Diluez une cuillerée à soupe dans un verre d'eau et buvez la potion avant de manger.
- Tout au long de la journée, buvez 1 litre d'eau minérale mélangée à un peu de jus de bouleau.

7

SEPTEMBRE

☀ 7 h 20 ☀ 20 h 16

Ste Reine

“ Il n’existe rien de constant
si ce n’est le changement. ”

Bouddha

Plongez dans le bénévolat virtuel

Engagez-vous dans des projets de bénévolat en ligne, comme le tutorat, la transcription pour des archives historiques, ou l'assistance à des organisations caritatives. Cela peut offrir un sentiment d'accomplissement et de connexion avec les autres, contribuant à réduire le sentiment d'isolement et de stress.

“Il n'existe aucun sentiment,
en dehors des deux extrêmes
que sont la peur et la douleur,
qui ne trouve un soulagement
dans la musique.”

George Eliot

Mon carnet de bord en 3 étapes

Étape 1 : Listez !

Le psychologue américain Tal Ben-Shahar nous invite à faire le bilan de notre vie au quotidien grâce à un tableau de vie. Chaque activité est listée pour être ensuite comptabilisée dans la balance du bonheur. Pendant deux semaines, vous écrivez toutes vos activités en notant combien de temps elles vous ont pris. À la fin de chaque semaine, vous les regroupez par thème et vous faites le total. Par exemple : sommeil 45 h, famille 15 h, beauté 1 h 30, copines 2 h…

9

SEPTEMBRE

☀ 7 h 23 ☀ 20 h 12

St Alain

“ Le spectacle de la nature
est toujours beau. ”

Aristote

Étape 2 : Évaluez !

Pour chaque action, donnez une note de 1 à 10 en fonction du bonheur qu'elle vous procure. Ensuite, évaluez si chaque activité a un sens dans votre vie. Enfin, écoutez votre petite voix intérieure et notez si vous aimeriez y consacrer plus ou moins de temps ou s'il n'y a rien à changer (=). Par exemple : sommeil 45 h, famille 15 h, beauté 1 h 30, copines 2 h = sommeil 40 h, famille 17 h, beauté 2 h 30, copines 1 h...

“ Le succès dans la vie arrive
non pas en jouant les bonnes
cartes mais plutôt en étant capable
de jouer les mauvaises cartes
de la bonne manière. ”

Joshua Dool

Étape 3 : Corrigez !

Les chiffres sont plus parlants que les idées. Au bout de deux semaines, vous avez un classement clair du temps que vous passez à vous faire plaisir, à soigner votre vie sociale, à remplir votre frigo ou à vous faire une beauté. À vous de rééquilibrer la balance pour augmenter les activités qui ont vraiment un sens dans votre vie.

11

SEPTEMBRE

7 h 26 · 20 h 07

St Adelphe

“N’est stupide
que la stupidité.”

Robert Zemeckis

Art thérapie avec matériaux recyclés

Collectez des matériaux recyclables et utilisez-les pour créer des œuvres d'art uniques. Cela encourage non seulement la créativité et réduit le stress, mais promeut également la conscience environnementale.

12
SEPTEMBRE
7h27 20h05
St Apollinaire

“ Le malheur
peut être un pont
vers le bonheur. ”

Sagesse zen

Le rouge et ses nuances

Le rouge écarlate apporte la générosité, l'ambition et l'affection.

Le rouge foncé suggère la passion, le courage, voire la colère et la haine.

Le brun rougeâtre dévoile la sensualité.

13
SEPTEMBRE

7 h 29 20 h 03

St Aimé

“ Nous sommes ici-bas
pour rire. Nous ne le pourrons
plus au purgatoire ou en enfer.
Et, au paradis, ce ne serait
pas convenable. ”

Jules Renard

Construction d'un mobile artistique

Créez un mobile suspendu en utilisant des éléments trouvés, des perles, des fils, et des papiers colorés. Ce projet artisanal peut servir de méditation active, focalisant l'attention sur l'équilibre et l'esthétique.

14

SEPTEMBRE

☀ 7 h 30 ☀ 20 h 01

Croix glorieuse

« Mieux vaut marcher
sans savoir où aller que rester
assis sans rien faire. »

Proverbe touareg

Une cure de raisin

Riche en potassium et pauvre en sodium, mais aussi plein de vitamines, le raisin est excellent pour commencer la saison d'un bon pied et vous débarrasser des toxines accumulées.

Comment faire ?

- Dans la semaine avant la cure, diminuez progressivement les protéines de votre alimentation.
- Puis, durant une journée entière, ne consommez que du raisin frais, sans limite. L'eau est à volonté aussi.

“Si vous voulez que la vie
vous sourie, apportez-lui d'abord
votre bonne humeur.”

Spinoza

Se réveiller en douceur

Si, dès les premières notes de votre réveil, votre cerveau est opérationnel, le corps a besoin de plus de temps. Pensez à vous étirer avant de vous lever et, pourquoi pas, à effectuer quelques mouvements avec vos bras et vos jambes. Votre corps appréciera cette attention toute particulière !

16

SEPTEMBRE

☀ 7 h 33 ☀ 19 h 57

Ste Édith

“ L'homme qui, au lieu
de mettre de l'huile dans
sa lampe, l'alimente avec de l'eau,
ne dissipera pas les ténèbres
qui l'entourent. ”

Bouddha

L'introspection quotidienne

Dédiée à une réflexion profonde sur ce qui vous motive et vous inspire, l'introspection quotidienne est une pratique puissante. Prenez un moment chaque jour, peut-être le matin ou le soir, pour vous asseoir tranquillement et réfléchir à ce qui vous a apporté de la joie, ce que vous avez appris, et comment vous vous êtes rapproché de vos aspirations profondes. Notez vos pensées, sentiments et découvertes dans un journal. Cette routine vous aide à mieux comprendre votre parcours personnel et à reconnaître les éléments de votre vie qui nécessitent des ajustements.

17

SEPTEMBRE

7 h 34 19 h 55

St Renaud

“Si l’on ne marche que durant les beaux jours, on n’arrive jamais à destination.”

Sagesse populaire

Changez de vie

Calmer son esprit, porter toute
son attention sur ses gestes,
être pleinement conscient de l'instant
présent est une façon de célébrer
la vie. Essayez de le mettre en pratique
dans votre quotidien, ne serait-ce que
par de petites touches. Votre vie
se verra transformée !

“Il faut oublier les folies
d'un jour pour faire place
à celles du lendemain.”

David Hume

Sagesse à méditer !

Si vous appelez votre temps libre
un « temps mort », vous aurez toujours
l'impression de perdre votre temps et
un peu de votre vie chaque fois que
vous avez du temps libre.

19
SEPTEMBRE
7 h 37 19 h 50
Ste Émilie

“ Il est bien des choses
qui ne paraissent impossibles
que tant qu'on ne les
a pas tentées. ”

André Gide

Astuce anti-gueule de bois avec l'huile d'onagre

Pour atténuer les effets d'une soirée arrosée, l'huile d'onagre peut être un allié précieux. Connue pour ses vertus énergisantes, cette huile extraite de la plante d'onagre peut aider à soulager les symptômes de la gueule de bois. La recommandation est de prendre deux gélules d'huile d'onagre toutes les 3 à 4 heures, jusqu'au coucher, pour favoriser une récupération plus rapide et atténuer la fatigue et le malaise post-festivités.

20
SEPTEMBRE

7 h 38 19 h 48

St Jean-Charles

“Ne t’arrête pas quand tu es fatigué. Arrête toi quand t’es fini.”

Marilyn Monroe

Visage reboosté

Plus économique qu'une crème de jour, plus rapide qu'une séance de relaxation, faites-vous un massage facial, en effectuant de petits cercles, en particulier sur les méridiens. Cela réduira les traits tirés et la fatigue et vous redonnera du punch ! C'est finalement si simple d'être en forme.

21
SEPTEMBRE

☀ 7 h 40 ☀ 19 h 46

St Matthieu

« La faculté de se mettre
dans la peau des autres
et de réfléchir à la manière dont
on agirait à leur place est très
utile si on veut apprendre
à aimer quelqu'un. »

Proverbe zen

Jouez au comédien

Si vous vous trouvez dans une impasse, lâchez tout et imaginez-vous dans la peau d'un personnage réel ou fictif. Prenez votre rôle au sérieux et allez au bout de votre transformation, aussi bien physique que mentale. Sortez de votre zone de confort et prenez une direction qui vous est nouvelle. Vous serez surpris d'apprendre tellement de choses sur vous-même. Et vous aurez probablement trouvé la solution à votre problème.

« Pour avoir de la connaissance, ajouter des choses chaque jour. Pour avoir de la sagesse, enlever des choses chaque jour. »

Tao Te King

Créez votre album de souvenirs

Réunissez des photos, des billets et d'autres souvenirs, et créez un album ou un collage. Ce projet vous permet de revivre des moments heureux, stimule la créativité, et transforme le sentiment de nostalgie en une activité apaisante et gratifiante.

23
SEPTEMBRE
7 h 43 19 h 42
St Constant

« Ne laissez pas
le comportement des autres
détruire votre paix
intérieure. »

Sagesse populaire

Soyez le premier à tendre la main

Nous avons tous parfois tendance à nous accrocher à des rancoeurs inutiles dus à des disputes ou des malentendus. Souvent nous attendons que l'autre fasse le premier pas pour venir s'excuser car notre ego et notre fierté nous disent de ne pas bouger. Nous avons raison, pensons-nous tout bas. Mais combien cela nous coûte, de faire la tête aux gens que nous aimons ? Pensez-y la prochaine fois lorsque vous serez en colère contre un proche ou un ami...

“N’ouvre la bouche
que si tu es sûr que ce que
tu vas dire est plus beau
que le silence.”

Proverbe arabe

La liste des 10 envies

Notez noir sur blanc les 10 projets, buts ou envies qui vous tiennent le plus à cœur. Accordez-vous le temps de la réflexion et les moyens de les réaliser. Soyez concret et numérotez les étapes pour y parvenir. Vous constaterez que rien n'est impossible !

25
SEPTEMBRE

☀ 7 h 46 · 19 h 38

St Hermann

“ Quand la vie te donne
une centaine de raisons de pleurer,
montre-lui que tu en as mille
de sourire. ”

Johnny Depp

Marathon de lecture

Choisissez une série de livres
que vous avez toujours voulu lire
et organisez un marathon de lecture.
Créez un coin lecture confortable
et dédiez du temps à plonger
dans des mondes différents,
une manière d'échapper
à la réalité.

“ Si vous voulez dormir,
alors commencez à bâiller.
Dormir, c’est se désintéresser. ”

Henri Bergson

Débarrassez-vous de vos phobies !

Les phobies empoisonnent le quotidien. Il est donc urgent de s'en débarrasser. Si elles ne sont pas trop anciennes, vous pouvez travailler seul pour les combattre. Réfléchissez à leur origine et, plutôt que de céder, faites le contraire de ce qu'elles vous dictent. Envisagez les pires scénarios et méditez dessus : une bonne manière de relativiser au quotidien...

“ Il est temps de vivre
la vie que tu t’es imaginée. ”

Henry James

Faites retomber la pression

En période de stress, on n'arrive plus à respirer correctement, tant on court après le temps. Posez-vous deux minutes et faites un petit exercice de respiration. Déboutonnez votre pantalon, inspirez normalement et expirez l'air lentement, le plus longtemps possible, en prononçant un s appuyé. En respirant ainsi, vous allez éliminer les toxines contenues dans vos poumons et vous vous sentirez délesté d'un poids encombrant.

28

SEPTEMBRE

7 h 50 19 h 31

St Venceslas

« La vie, c'est 10 % ce que vous en faites et 90 % votre façon de la prendre. »

Irving Berlin

Challenge de désencombrement créatif

Désencombrez votre espace de vie de manière créative, en réutilisant ou en transformant les objets dont vous n'avez plus besoin. Cela peut être une activité libératrice et productive, améliorant votre environnement et réduisant le stress.

29
SEPTEMBRE

7 h 51 — 19 h 29

St Michel, St Gabriel

« Demeurer immobile,
à écouter… c'est la tranquillité
de l'axe au centre
de la roue… »

Charles Morgan

Chaque jour une personne à aimer !

Vous connaissez le vieux dicton « Une pomme par jour chasse le médecin ». On vous dira « Une pensée d'amour par jour chasse tout ressentiment » ! Efforcez-vous tous les matins d'avoir une pensée d'amour pour quelque chose de différent : une personne, un animal, une plante, tout l'univers mérite d'être aimé.

30

SEPTEMBRE

7 h 53 19 h 27

St Jérôme

« La perfection n'est pas atteignable. Mais visez la perfection, car en échouant vous atteindrez l'excellence. »

Vince Lombardi

Jouez !

Il n'est jamais trop tard pour jouer ! Ressortez votre Monopoly, le jeu de l'oie et les cartes de tarot qui vous ont tellement fait vibrer dans le passé. Vous verrez, le plaisir simple du jeu apporte le bonheur et la détente.

1er
OCTOBRE

☀ 7 h 54 ☀ 19 h 25

Ste Thérèse de l'Enfant Jésus

“ Ce qui compte dans l'effort,
c'est avant tout l'action,
plutôt que le résultat. ”

Ludwig van Beethoven

Projet de bricolage pour la maison

Choisissez un projet de bricolage pour améliorer votre espace de vie, comme peindre un mur, construire une étagère ou rénover un meuble. Le processus de création et de rénovation peut être une source de satisfaction et un moyen de réduire le stress.

2
OCTOBRE

7 h 56 — 19 h 23

St Léger

“ Chaque pas doit être un but. ”

Jacques Chirac

Purification grâce aux myrtilles !

Elles ont un fort pouvoir antioxydant et vous aideront à limiter votre taux de diabète et de cholestérol. Les myrtilles régulent également vos défenses immunitaires. Multipliez leur action en les accompagnant de graines de lin. Ces céréales contiennent des acides gras qui équilibrent la tension artérielle et les graisses dans le sang.

“ Celui qui va lentement
arrivera rapidement. ”

Milarépa

Tonifiez votre corps !

En position debout, vos pieds sont écartés d'environ 1 mètre. Coté gauche : le pied est perpendiculaire au droit, tourné vers l'extérieur. Votre bras est tendu latéralement. Côté droit : le bras est tendu verticalement, collé à votre oreille. Expirez et penchez votre corps latéralement vers la gauche, en essayant d'attraper le mollet ou la cheville. Faites la même chose du côté droit et recommencez 10 fois, sur chaque jambe. Cet exercice, s'il est pratiqué quotidiennement, permet de garder la forme car il étire à la fois la colonne et la cage thoracique.

4

OCTOBRE

7 h 59 – 19 h 19

St François d'Assise

“ Sache-le : la force est en toi
dans ton cœur et dans ton corps.
Crois en toi, crois en les autres. ”

Sœur Emmanuelle

Cure détox d'automne : purifiez-vous !

Avec l'arrivée de l'automne, profitez d'une cure détox pour équilibrer votre corps. Commencez par éliminer les stimulants comme la caféine et l'alcool pendant trois jours, tout en buvant de l'eau tiède citronnée pour stimuler la digestion. Intégrez ensuite des soupes chaudes et des légumes racines rôtis, riches en nutriments et en fibres. Finissez par une journée de jeûne léger avec des bouillons clairs et des tisanes de gingembre ou de camomille. Une petite marche dans la nature aux couleurs automnales pourra accompagner agréablement cette cure.

5

OCTOBRE

8h00 19h17

Ste Fleur

« Sachez vous éloigner,
car lorsque vous reviendrez
à votre travail, votre jugement
sera bien plus sûr. »

Léonard de Vinci

Pas de stress !

Chassez le stress et remplissez-vous d'énergie positive en faisant ce petit exercice de respiration.
Inspirez profondément en gonflant le ventre au maximum. Expirez ensuite en le rentrant complètement. Répétez plusieurs fois. Cela permet d'abord de se détendre et, à long terme, de muscler le ventre.

6
OCTOBRE

☀ 8 h 02 ☀ 19 h 15

St Bruno

“ Si tu es pressé,
fais un détour. ”

Proverbe japonais

Ayez un bon mental !

Même si vous l'avez déjà
entendu de nombreuses fois,
avoir un mental positif est la base
de toutes les pensées et actions.
Si vous apprenez à maîtriser et à
améliorer votre capacité à percevoir
les choses, le monde sera à vous
tel que vous le désirez.

7
OCTOBRE
8 h 03 · 19 h 12
St Serge

“ La chose la plus difficile
est de n'attribuer aucune
importance aux choses qui n'ont
aucune importance. ”

Charles de Gaulle

Exercice du tigre intérieur

1. Imaginez-vous en tigre : pensez à la force et à la souplesse du tigre.
2. Marchez comme un tigre : adoptez une démarche puissante.
3. Mimez le geste des griffes : « griffez » un arbre invisible avec énergie.
4. Exprimez-vous : rugissez et grimacez pour libérer votre énergie.

« Choisissez un travail
que vous aimez : vous n'aurez
pas à travailler un seul jour
de votre vie. »

Confucius

Le matcha

Le matcha se présente sous forme de poudre de thé vert. C'est le seul thé au monde dont la feuille se consomme entièrement. Il se fabrique à partir de feuilles de thé vert cultivées à l'ombre. Ce procédé spécifique est connu pour augmenter la teneur en bons composés tels que la L-théanine, réputée pour être un des acides aminés les plus puissants contre le stress et le déséquilibre émotionnel. Ne vous en privez pas et dégustez le matcha quotidiennement à petites doses !

9

OCTOBRE

8h06 19h08

St Denis

“Quand on s’habitue
à chercher son bien-être
dans ses propres efforts, on s’élève
dans sa propre opinion comme
dans celle des autres.”

Robert Blondin

Communiquez efficacement

Pour construire un monde meilleur il est indispensable de communiquer. Mais pour communiquer efficacement, il faut se construire soi-même, au préalable par la perception. Telle est notre nature, communiquer et nous exprimer, cela nous aide à avancer sur notre chemin d'évolution, mais n'oublions pas de faire une place plus importante à la perception, à tout ce qui se passe dans notre corps.

10

OCTOBRE

8h08 19h06

St Hugo

“ Aimer, ce n'est point
nous regarder l'un l'autre,
mais regarder ensemble
dans la même direction. ”

Antoine de Saint-Exupéry

Le pouvoir des plantes

C'est fascinant de voir comment les plantes d'intérieur peuvent avoir un effet si positif sur notre bien-être. L'étude que vous mentionnez de l'Université de l'État de Washington montre bien l'impact bénéfique que la nature peut avoir sur notre santé physique et mentale, même dans un environnement intérieur. Avoir des plantes autour de soi peut donc être une manière simple et naturelle de réduire le stress et d'améliorer la qualité de l'air chez soi. Envisagez d'ajouter quelques plantes à votre espace personnel pour profiter de ces avantages et vous verrez, votre vie sera transformée.

“ Le sommeil,
c’est rentrer chez soi. ”

Proverbe chinois

Comment gérer les émotions ?

À chaque instant de votre existence, appréhendez les émotions qui se présentent et acceptez-les. Si c'est de la colère, reconnaissez-la. De la joie, de la jalousie, de l'amour, une pulsion destructrice, peu importe. Accueillez l'émotion qui survient et appropriez-vous les diverses manifestations de celle-ci. C'est la réalité du moment, donc soyez ouvert à tout. Ainsi, vous changerez votre façon de voir le monde…

12
OCTOBRE

8 h 11 19 h 02

St Wilfried

“ Ceux qui abandonnent
ne gagnent jamais, ceux qui gagnent
n'abandonnent jamais. ”

Napoleon Hill

Cessez de vous sentir coupable !

Ne vous enfermez pas dans une culpabilité permanente. Il est très important de savoir se remettre en question, certes, mais il ne faut pas pour autant se sentir coupable de tout et se flageller. Arrêtez de penser en termes de culpabilité et raisonnez en termes de responsabilité. Ainsi, vous vous libérerez de ce poids et vous irez de l'avant avec d'autant plus de motivation.

13
OCTOBRE
8 h 12 19 h 00
St Géraud

“ Perte d’argent,
perte légère ;
perte d’honneur,
grosse perte ;
perte de courage,
perte irréparable. ”

Johann Wolfgang von Goethe

Couleurs et pierres pour un bien-être renforcé

Pour favoriser l'équilibre de votre chakra racine et améliorer votre bien-être général, voici une astuce simple : intégrez des éléments rouges, bruns ou noirs dans votre quotidien. Vous pourriez commencer par porter des accessoires comme des bracelets ou des colliers en pierres naturelles telles que le rubis, le quartz fumé, ou la magnétite. Ces couleurs et pierres aident à renforcer le sentiment de sécurité et d'ancrage, essentiels pour un chakra racine équilibré. En outre, pratiquez régulièrement la méditation ou le yoga en vous concentrant sur la base de votre colonne vertébrale pour renforcer votre connexion à la terre et stabiliser ce centre énergétique.

14
OCTOBRE

8 h 14 — 18 h 58

St Céleste

“ Même la pensée
d'une fourmi peut toucher
le ciel. ”

Proverbe japonais

Astuce magique pour vous concentrer

Pour augmenter votre concentration, stimulez en massant légèrement les points du nez et du menton. Ensuite, posez votre index sur le point localisé juste au milieu du front, représentant le « troisième œil ». Maintenez pendant une minute. Respirez profondément et calmement.

“ Emporte dans ta mémoire,
pour le reste de ton existence,
les choses positives qui ont surgi
au milieu des difficultés. Elles seront
une preuve de tes capacités et te
redonneront confiance devant
tous les obstacles. ”

Paulo Coelho

Savoir pardonner

Pas facile de pardonner lorsque l'on a été blessé. Pourtant, cette démarche, révélatrice d'un réel travail sur soi, vous libérera. Commencez par reconnaître la faute de l'autre et exprimez vos émotions. Ensuite, essayez de comprendre, sans forcément excuser, les motivations de celui qui vous a blessé. Avec le temps, la colère et la rancœur partiront. Vous ressortirez plus fort de cette expérience puisque vous aurez fait un vrai travail sur vous-même.

16
OCTOBRE

8 h 17 — 18 h 54

Ste Edwige

“ Chaque coup de colère
est un coup de vieux ;
chaque sourire est
un coup de jeune. ”

Proverbe chinois

Petites douceurs qui boostent le moral et la santé

Saviez-vous que certaines gourmandises peuvent aussi être bénéfiques pour votre santé ? Le chocolat, par exemple, est une excellente source de magnésium et contient des Oméga 6 qui protègent le cœur. Les confitures peu sucrées sont un délice moins coupable, tandis qu'un verre de vin rouge par jour offre des antioxydants précieux. N'oubliez pas le miel, une alternative au sucre blanc riche en fructose et glucose, faciles à assimiler par l'organisme. Ces petites douceurs sont non seulement plaisantes au goût mais aussi bonnes pour le moral !

“ La valeur d'un homme tient dans sa capacité à donner et non dans sa capacité à recevoir. ”

Albert Einstein

Un peu plus de muscles dans le dos et les épaules

- Debout, fléchissez les genoux et tendez les bras, croisés au dessus de la tête.
- Descendez-les de chaque côté et faites des petits ciseaux, devant la poitrine.
- Faites de même en descendant au niveau de vos cuisses.

Pour que l'exercice soit efficace, le mieux est de pratiquer 2 séries de 10 mouvements.

18

OCTOBRE

8 h 20 18 h 51

St Luc

« Dans les grandes choses,
avant l'effort qui réussit,
il y a presque toujours des efforts
qui passent inaperçus. »

Laure Conan

Évitez d'avaler de l'air

Avaler de l'air risque de faire gonfler votre ventre et de vous faire souffrir d'aérophagie et d'aérocolie. Voici quelques astuces précieuses pour prendre soin de votre estomac : faites attention de ne pas boire trop d'eau pendant les repas, de manger dans une atmosphère calme, de bien mastiquer et de ne pas trop parler. Évitez les chewing-gums, la charcuterie, les pâtisseries industrielles, les légumineuses, les fruits très sucrés.

19
OCTOBRE

8h21 18h49

St René

“ Celui qui a un ami véritable n’a pas besoin d’un miroir. ”

Proverbe indien

Les fruits de mer

On ne le répétera jamais assez, les coquillages sont excellents pour vous sentir en forme et de bonne humeur. Ne vous privez pas des moules, des huîtres, des palourdes, bourrées de taurine, un acide aminé qui produit de la dopamine.

“ Gémir sur un malheur passé,
c'est le plus sûr moyen d'en
attirer un autre. ”

Shakespeare

Les bienfaits de l'agenda

Plus question de rater de rendez-vous ! Vous vous êtes enfin résolu à acheter un agenda où vous notez tout : rendez-vous, coups de téléphone à passer, anniversaires... Cela vous permettra, primo, de ne plus passer pour l'étourdi de service et deuzio, d'être moins stressé devant des situations inattendues. C'est tout un art de s'organiser !

“Bizarrement, c’est quand on est pressé qu’il faut prendre son temps. Alors je prends mon temps…”

François Cluzet

Faites du vélo

Faire du vélo, c'est amusant. On se promène en famille ou en amoureux, on découvre des endroits par lesquels on ne serait jamais passé, on passe des moments agréables… et on fait du sport sans s'en rendre compte. Selon la cadence, cela peut aller de 360 à 500 calories en moins pour une heure de vélo et le moral sera au beau fixe !

22

OCTOBRE

8 h 26 — 18 h 43

Ste Élodie

“ Il n’y a pas de maîtrise
à la fois plus grande et plus
humble que celle que l’on
exerce sur soi. ”

Léonard De Vinci

Le stress expliqué

1. Phase d'alarme : cette phase débute lorsque vous percevez une situation stressante. Votre rythme cardiaque s'accélère, et vous observez une baisse du tonus musculaire ainsi qu'une chute du taux de sucre dans le sang.
2. Phase d'adaptation : durant cette étape, votre corps tente de retrouver son équilibre en sécrétant diverses hormones telles que l'endorphine, la dopamine, le cortisol, la sérotonine et les hormones sexuelles. Le stress devient stimulant et peut même être bénéfique.
3. Phase d'épuisement : si le stress persiste trop longtemps sans que l'organisme ne parvienne à s'adapter, les dépenses énergétiques s'intensifient. Les symptômes tels que tensions accrues, sensibilité élevée, irritation, augmentation du pouls et de la respiration, ainsi que la montée de la pression artérielle, s'installent durablement.

23

OCTOBRE

8h28 – 18h41

St Jean de Capistran

“ Dans le passé,
seule l'existence passée
était réelle, et irréelles les existences
future et présente. Dans le futur,
seule l'existence future sera réelle
et irréelles les existences passée et
présente. Maintenant, seule l'existence
présente est réelle et irréelles les
existences passée et future. ”

Bouddha

Grâce aux lobes de l'oreille...

Une étude scientifique prouve qu'il est possible de calmer ses doutes et l'anxiété en se frottant ou se massant le lobe de l'oreille. En effet, stimuler les lobes de l'oreille aide à la circulation de l'énergie, donc à la relaxation. De plus, vous pouvez envisager l'acupuncture pour vous débarrasser de dépendances plus fortes, telles que la cigarette ou le chocolat !

24

OCTOBRE

☀ 8 h 29 ☀ 18 h 39

St Florentin

“ La vie est un spectacle,
autant faire sa propre
mise en scène. ”

William Shakespeare

Mâchez de la mâche !

La mâche est une salade anti-fatigue
et anti-stress. Très peu calorique et pleine
de fibres, elle est riche en vitamine B9, qui
favorise la détente musculaire et évite la
fatigue, en vitamines C et E, en bêta-carotène,
en fer et en oméga 3. La mâche est aussi
bourrée de vertus antioxydantes
si précieuses contre le vieillissement.
À consommer sans modération
à une seule condition :
elle doit être bio !

25
OCTOBRE

8h31 18h38

St Crépin

“ La chance est un hasard,
le bonheur est une vocation. ”

Alexandru Vlahuta

Massage dans le noir

Pour une meilleure connexion avec votre corps, tentez l'expérience d'un massage les yeux fermés. Laissez vos mains explorer librement chaque contour de votre corps, découvrant les textures de votre peau et la tension de vos muscles. Ne mesurez pas le temps, mais laissez-vous guider par les formes et les sensations. Cet exercice enrichissant renforce l'harmonie entre le corps et l'esprit, vous aidant à mieux vous connaître.

26
OCTOBRE

8 h 32 — 18 h 36

St Dimitri

“ Le passé est soldé,
le présent vous échappe,
songez à l'avenir. ”

Duc de Lévis

Accordez-vous de bons moments

Même si vous avez des enfants, donc de très nombreuses responsabilités, ne rentrez pas en courant à la maison après le boulot. Mais donnez-vous le temps, idéalement 3 fois par semaine, de faire quelque chose qui vous fait du bien : une séance de cinéma, une balade au parc, une petite virée shopping... Vous serez rechargé et prêt à passer une belle soirée. Oui, c'est possible avec un peu d'organisation !

27

OCTOBRE

8 h 34 18 h 34

Ste Émeline

“Le sommeil est l'aliment suprême du festin de la vie.”

William Shakespeare

Qu'est-ce que le malheur ?

Le malheur n'est rien d'autre que
le résultat vain de notre lutte contre
le cours naturel des choses. Que ce
soit l'envie de prolonger les instants
heureux ou de raccourcir les moments
de douleur, aller contre la vie crée
forcément des désillusions. Apprenez
à accepter l'alternance des choses,
à vivre avec l'alternance de la vie.

28
OCTOBRE

☀ 8h36 ☀ 18h32

St Jude, St Simon

“ Il est toujours possible
d’unir les uns aux autres par
les liens de l’amour une plus grande
masse d’hommes, à la seule condition
qu’il en reste d’autres en dehors
d’elle pour recevoir les coups. ”

Sigmund Freud

Une technique de relaxation colorée

Avant de vous endormir, prenez un grand souffle et imaginez une douce teinte rose enveloppant votre esprit. En expirant lentement, visualisez le gris de vos soucis se dissipant, laissant place à la clarté. Utiliser des couleurs en méditation peut nettoyer votre esprit, comme si vous dépoussiériez et revitalisiez votre mental pour un repos bien mérité.

29
OCTOBRE

8 h 37 18 h 30

St Narcisse

“ Le projet est le brouillon
de l'avenir. Parfois, il faut
à l'avenir des centaines
de brouillons. ”

Jules Renard

Préservez votre santé !

Lorsque le stress est chronique,
il crée un affaiblissement du système immunitaire, une inflammation des intestins, une augmentation des dépressions ou des maladies cardio-vasculaires. Rien que ça ! Apprendre à le réguler permet alors non seulement de se sentir mieux mais également de préserver sa santé.

30
OCTOBRE

8h39 18h29

Ste Bienvenue

“ Il faut toujours se réserver
le droit de rire le lendemain
de ses idées de la veille. ”

Napoléon Bonaparte

Le thé bienfaisant

Le thé vert apporte de nombreux bienfaits thérapeutiques. Excellent fournisseur en fer, en oligo-éléments et en vitamines, le thé vert renforce les défenses naturelles. Très riche en eau, il participe à l'élimination des toxines. Il permet aussi de lutter contre le vieillissement et les différentes maladies cardio vasculaires.

“Ce que l’on apprend
par l’effort reste toujours
ancré plus longtemps.”

Luc Lecompte

N'en faites pas une montagne

Les problèmes ne sont pas insurmontables. Si vous êtes contrarié, votre vision de la situation est biaisée. Ne vous laissez pas emporter, faites preuve de discernement pour réagir plus posément. Vous avez sûrement surpassé pires tracas, ne vous laissez pas abattre.

“ On ne vit qu'une fois.
Et encore ! ”

Marcel Achard

Chassez la migraine avec une astuce d'acupression

Si une migraine vous tourmente ou si l'insomnie vous guette, essayez cette technique simple : utilisez vos majeurs, ou tous vos doigts, pour appuyer fermement derrière la nuque, juste sous l'occiput dans les creux profonds où se trouvent deux points d'acupuncture. Réalisez une trentaine de pressions circulaires. Vous devriez sentir un soulagement. Ça va mieux maintenant ?

2

NOVEMBRE

7 h 44 — 17 h 24

Défunts

« Il n'est pas nécessaire
de rejeter toute activité, de rechercher
le silence. Il suffit de faire le vide en soi
en respectant l'harmonie de l'extérieur.
De cette façon, vous serez en paix
au milieu de l'activité frénétique
du monde. »

Yan-Wu

Prenez le temps de savourer

Savourer la nourriture que l'on consomme, savourer la musique que l'on aime, savourer les promenades que l'on fait, savourer les douches que l'on prend… savourer la vie, sans limites !

3

NOVEMBRE

7 h 45 17 h 22

St Hubert

“ Celui qui marche droit
trouve toujours la route
assez large. ”

Proverbe breton

Si vous travaillez devant un écran

Il est bon de savoir que l'écran ne doit pas être placé devant une fenêtre pour ne pas fatiguer vos yeux et que l'éclairage doit être perpendiculaire à votre poste de travail.

4

NOVEMBRE

7 h 47 · 17 h 21

St Charles

“ La plus grande chose
du monde, c’est de savoir
être à soi. ”

Michel de Montaigne

La technique de tapotement indien

Pour regagner de l'énergie et recentrer vos forces, essayez les tapotements à l'indienne. Commencez par tapoter doucement le haut de votre poitrine avec le bout des doigts tout en inspirant profondément, puis utilisez les paumes de vos mains en expirant. Répétez ce geste une dizaine de fois pour une revitalisation rapide.

5

NOVEMBRE

7h48 17h19

Ste Sylvie

“Il y a ce qui nous tourmente plus qu'il n'est nécessaire, ce qui nous tourmente avant qu'il soit nécessaire, ce qui nous tourmente alors que ce n'est absolument pas nécessaire. Notre douleur, nous l'augmentons, nous l'anticipons, nous l'inventons.”

Sénèque

Les sentiments négatifs ne sont que du vent !

Il est possible de dominer ses sentiments négatifs. Le maître bouddhiste Khyentsé Rinpoché enseigne : Dès qu'une colère apparaît, reconnaissez sa nature de vacuité. Elle perdra aussitôt le pouvoir de susciter la pensée suivante, et la chaîne de l'illusion prendra fin. Voilà un bon moyen de remédier à ce qui a causé autant de haine chez vous, et vous permettre ainsi de prendre les bonnes décisions.

6

NOVEMBRE

7 h 50 — 17 h 18

St Léonard

“ Celui qui surpasse
les autres est fort.
Celui qui se surpasse lui-même
est encore plus puissant. ”

Proverbe chinois

Évadez-vous

Si vous travaillez dans un bureau, décorez-le de façon à pouvoir toujours vous relaxer. Affichez un beau poème sur le mur, collez un paysage magnifique, décorez-le avec des plantes ou des fleurs, ayez à portée de main un objet qui vous est cher et vous permet de combattre la fatigue et le stress. À chaque fois que vous ressentirez le besoin, vous pourrez vous accorder quelques minutes d'évasion.

“Choisissez une étoile,
ne la quittez pas des yeux.
Elle vous fera avancer loin,
sans fatigue et sans peine.”

Alexandra David-Néel

La routine de stretching matinal

Démarrez votre journée en dynamisant votre corps avec une séance d'étirements revitalisante. Tenez-vous debout, écartez légèrement les jambes et contractez vos fesses, tout en relaxant vos épaules. En inspirant, levez les bras au-dessus de votre tête et étirez tout votre dos. Expirez tout en abaissant doucement les bras. Répétez ce mouvement dix fois pour vous sentir pleinement éveillé et prêt à affronter la journée.

8

NOVEMBRE

7h53 17h15

St Geoffroy

“Ce qui préserve le présent
de la plupart des hommes,
c'est l'oubli du passé.”

Adrienne Choquette

Plus zen au bureau

Les collègues sans gêne, les fausses amitiés de bureau, les supérieurs qui vous traitent comme des moins que rien, un patron trop exigeant... ces tracasseries au travail vous stressent et peuvent vous miner le moral. Pour vous sentir mieux, détendez-vous afin de gérer vos émotions. Cela sera une manière de relativiser, sans fuir vos problèmes, et de démarrer vos rudes journées de travail avec sérénité.

« La formule sacrée
du positivisme : l'amour
pour principe, l'ordre pour
base et le progrès
pour but. »

Auguste Comte

Le rhodiola pour faire le plein d'énergie

Le rhodiola : cette plante, connue pour ses diverses propriétés bienfaisantes, a des applications diverses et variées. Elle est utilisée pour augmenter la force et l'endurance, pour renforcer la mémoire, pour soigner l'inflammation et les douleurs... Et c'est un excellent remède contre l'angoisse et le stress !

10

NOVEMBRE

☀ 7 h 56 ☀ 17 h 12

St Léon

“ Une période d’échec
est un moment rêvé
pour semer les graines
du succès. ”

Paramahansa Yogananda

Dans la peau de l'autre

Pour faire le point sur les relations que vous entretenez avec les autres, voici un simple exercice. Aujourd'hui, demandez à trois inconnus des renseignements sur un bus, le nom d'un monument, les horaires d'ouverture d'une boutique... la liste est longue. En écoutant leur réponse, concentrez-vous sur votre propre comportement et vos réactions. Êtes-vous souriant ? Avenant ? Prédisposé à écouter et à transmettre une bonne énergie ? Ce sont de bonnes indications de la qualité de votre relation avec les autres, inconnus ou pas !

11

NOVEMBRE

☀ 7 h 58 ☀ 17 h 11

Armistice 1918

“ C’est bon de ne pas
regarder à la dépense
de son énergie ! ”

Jules Renard

Musique, maestro !

La musique classique augmente la concentration et aide le mental à résoudre des problèmes compliqués. Écoutez Mozart en travaillant, et vous verrez !

“ Un mot prononcé avec bienveillance engendre la confiance. Une pensée exprimée avec bienveillance engendre la profondeur. Un bienfait accordé avec bienveillance engendre l'amour. ”

Lao Tseu

Hammamia !

À faire seul ou à plusieurs, le hammam est un excellent moyen de se détendre et de relâcher complètement ses muscles. Ces bains de vapeur, alliés à des essences de pin, d'eucalyptus ou de lavande, soulageront efficacement vos bronches si elles sont encombrées. Un remède de grand-mère aux vertus nombreuses.

13
NOVEMBRE
8h01 17h08
St Brice

“ Personne ne sait
si sa lumière brûlera
jusqu'à demain. ”

Proverbe arménien

Écoutez des sons de la nature en inversé

Pour un twist original sur la relaxation habituelle, essayez d'écouter des enregistrements de sons de la nature joués à l'envers. Cela peut stimuler votre cerveau de manière inattendue et apporter une nouvelle perspective de calme, de zen, de bien-être, la notion du temps étant modifiée.

14
NOVEMBRE

8h03 17h07

St Sidoine

“ À la première coupe,
l’homme boit le vin ;
à la deuxième coupe,
le vin boit le vin ;
à la troisième coupe,
le vin boit l’homme. ”

Proverbe japonais

Le confort du massage

Afin d'être à l'aise et de n'avoir ni trop chaud ni trop froid, la température de la pièce doit être de 25 °C environ, sans courants d'air. Durant la séance, le corps se met en veille et perd de la température : si besoin, n'hésitez pas à couvrir les zones non massées d'une douce couverture. Certaines personnes préfèrent garder leurs sous-vêtements pour se sentir bien. Astuce : ayez les pieds nus afin de laisser les énergies circuler librement et s'évacuer facilement dans le sol.

15
NOVEMBRE
8h04 17h05
St Albert

“ L’homme le plus heureux
est celui qui fait le bonheur
d’un plus grand nombre
d’autres. ”

Diderot

Faire l'amour pour faire baisser sa tension

Un psychologue américain, Stuart Brody, a voulu étudier l'influence de l'activité sexuelle sur le stress. Durant deux semaines, cinquante personnes ont dû noter la fréquence de leurs relations sexuelles. À terme, tous ont passé un entretien en public et une épreuve de calcul mental. Le résultat : ceux qui avaient eu un rapport avec pénétration étaient moins stressés que les autres.

16
NOVEMBRE

8 h 06 17 h 04

Ste Marguerite

“Les sots parlent beaucoup
du passé, les sages du présent
et les fous de l'avenir.”

Marie du Deffand

Votre boîte à soucis

Écrivez vos préoccupations
sur de petits papiers et placez-les
dans une boîte spécialement dédiée.
Le simple fait de les écrire
et de les enfermer peut
vous aider à vous sentir
psychologiquement
libéré.

17
NOVEMBRE

☀ 8h07 ☀ 17h03

Ste Élisabeth

“ Un homme ayant du succès
est celui pouvant se construire
une ferme fondation avec les briques
que les autres lui jettent. ”

David Brinkley

Un peu de Feng Shui

Dans la salle à manger,
mettez toujours un nombre pair
de chaises. Ceci apportera du bonheur
et de l'harmonie à la famille. L'impair
est signe de déséquilibre.

“La seule limite à notre épanouissement de demain sera nos doutes d'aujourd'hui.”

Franklin D. Roosevelt

Contre la fatigue visuelle

Faites infuser 50 g de fleurs de camomille dans 500 ml d'eau. Laissez tiédir, puis ajoutez une cuillerée à soupe de jus de persil frais. À l'aide d'une compresse, appliquez sur les yeux durant une dizaine de minutes. Répétez plus tard dans la journée si besoin.

19

NOVEMBRE

8h10 17h01

St Tanguy

“ Vivre les malheurs d’avance, c’est les subir deux fois. ”

René Barjavel

Dormez avec un oreiller sous vos genoux

Si vous dormez sur le dos, placer un oreiller sous vos genoux peut non seulement améliorer votre posture de sommeil mais aussi offrir une sensation de confort et de sécurité, favorisant ainsi une meilleure détente nocturne. La circulation sanguine est également améliorée ce qui pourrait soulager la sensation de jambes lourdes.

20
NOVEMBRE

8 h 12 — 17 h 00

St Edmond

« N'abandonnez jamais
un rêve sur la base du temps
qu'il faudra pour le réaliser.
Le temps passera
de toute façon. »

Earl Nightingale

Le charme des saisons

Chaque année, vous êtes en proie au vague à l'âme lors de l'arrivée de l'automne. Essayez d'en savourer la nature changeante en vous promenant en forêt : écoutez les feuilles qui craquent sous vos pieds, rapportez des châtaignes et des marrons. Soyez en communion avec la nature, comme vous pouvez l'être au printemps lorsque tout renaît.

21
NOVEMBRE

8 h 13 16 h 59

Présentation de la Vierge Marie

Nos actes ne sont
éphémères qu'en apparence.
Leurs répercussions se prolongent
parfois pendant des siècles.
La vie du présent tisse
celle de l'avenir.

Gustave Le Bon

Massage ayurvédique = moins de stress !

Cette médecine indienne est issue de la tradition de l'Ayurvéda, qui signifie en sanscrit Sciences de la vie. Une alimentation modérée associée à différents massages aux compresses de riz ou aux plantes permet de purger les toxines du corps et de stabiliser l'être.

22

NOVEMBRE

8h15 16h58

Ste Cécile

“ Le temps sera le maître
de celui qui n'a pas
de maître. ”

Proverbe arabe

Créez des rituels de thé insolites

Préparez votre thé dans un processus méditatif en utilisant des accessoires non conventionnels comme une louche en bois ou un bol chantant pour verser l'eau. Ce rituel peu commun peut transformer votre pause thé en un moment profondément zen.

23

NOVEMBRE

8 h 16 16 h 57

St Clément

« Quand les conditions
sont suffisantes, les choses se
manifestent. Quand les conditions
ne sont plus suffisantes, elles se
retirent ; elles attendent le moment
opportun pour se manifester
à nouveau. »

Bouddha

Ne soyez pas perfectionniste !

Les perfectionnistes sont isolés car ils donnent toujours l'impression de se suffire à eux-mêmes, de se débrouiller, de n'avoir besoin de personne. Les perfectionnistes sont indécis car ils sont souvent incapables de choisir entre plusieurs propositions, tellement leur tête fume en essayant de dénicher la meilleure.
Le perfectionnisme rend très vulnérable et stressé, ne soyez pas perfectionniste !

24
NOVEMBRE

8h18 16h56

Ste Flora

"L'esprit est difficile à maîtriser
et instable. Il court où il veut.
Il est bon de le dominer. L'esprit
dompté assure le bonheur."

Bouddha

N'interrompez pas

N'interrompez pas vos interlocuteurs, ne finissez pas les phrases à leur place, laissez-les toujours aller jusqu'au bout de leur propre pensée et s'exprimer à leur façon. Vos relations se retrouveront grandement améliorées. Les personnes de votre entourage se sentiront plus à l'aise en votre compagnie, écoutées, entendues et comprises.

25
NOVEMBRE

8 h 19 16 h 56

Ste Catherine

« C'est en essayant encore
et encore que le singe apprend
à bondir. »

Proverbe africain

Écrire avec la mauvaise main

Cet exercice oblige le cerveau à se concentrer intensément sur une tâche inhabituelle, ce qui peut aider à détourner l'attention des sources de stress. Cela stimule également de nouvelles connexions neuronales et peut améliorer la neuroplasticité.

“ Ne travaillez pas plus dur ; travaillez plus intelligemment. ”

Sagesse populaire

Le désintéressement

Un des principaux buts de la vie spirituelle et une des conditions absolues de la sérénité est de développer un amour désintéressé envers tout. Le gros problème, c'est qu'il est vraiment très difficile d'aimer quelqu'un gratuitement. Afin de développer cette qualité de manière progressive, vous pouvez commencer par aimer une plante car elle pourra moins vous décevoir qu'un être humain, voire un animal. Petit à petit, vous chercherez à accepter les autres tels qu'ils sont.

27
NOVEMBRE

8 h 22 16 h 54

St Virgile

“ Pour comprendre
les hommes, il faut comprendre
la différence qui existe entre
les hommes. ”

Montesquieu

Rebelle que vous êtes !

Aujourd'hui, décidez de ne pas respecter trois choses que vous faites habituellement : habillez-vous de manière plus qu'originale, dites une phrase inattendue à un inconnu, posez une question hyper dérangeante à votre conjoint… Casser la routine grâce à des changements même anodins permet de repartir sur de nouvelles bases.

28

NOVEMBRE

☀ 8h23 ☀ 16h53

St Jacques de la Marche

“Ferme les yeux
et tu verras clair en toi.”

Proverbe oriental

Méditez sur le chocolat

Commencez votre journée par une petite méditation où vous dégustez lentement un carré de chocolat noir, en vous concentrant pleinement sur les saveurs et les sensations, ce qui stimulera la sécrétion de dopamine et vous procurera une sensation de plaisir et de bien-être intense.

29

NOVEMBRE

8h25 16h53

St Saturnin

“ Il n’y a personne qui fasse
un sacrifice sans en espérer
une compensation. Tout est
une question de marché. ”

Cesare Pavese

Encens apaisant

Santal, lavande, cèdre,
ylang-ylang, néroli, rose, vanille…
vous avez le choix pour parfumer
délicatement votre maison
et votre âme.

“ Le plus grand plaisir
de la vie est de réaliser ce que
les autres vous pensent
incapable de réaliser. ”

Walter Bagehot

Être créatif

Être créatif, c'est avant tout répondre à une frustration : lorsqu'il vous manque quelque chose, vous trouvez les ressources pour pallier ce manque et trouver un remplacement, une solution qui vous donnera tout autant de plaisir. Avec un peu d'entraînement, vous vous découvrirez des talents insoupçonnés.

1er

DÉCEMBRE

☀ 8 h 26 ☀ 16 h 52

Ste Florence, St Éloi

“ L’animal humain
se concentre tant sur le verbe
qu’il oublie que ses mouvements,
attitudes et expressions racontent
leur propre histoire. ”

Desmond Morris

Expérimentez les aurores boréales

Pour une évasion spectaculaire, prévoyez un voyage dans le Grand Nord pendant l'hiver. L'observation des aurores boréales offre une expérience de plénitude unique, un spectacle naturel époustouflant qui reste gravé dans la mémoire.

“ Si on veut obtenir quelque chose que l’on n’a jamais eu, il faut tenter quelque chose que l’on n’a jamais fait. ”

Périclès

Consommez de la bette à carde

Légume vert à feuilles, la bette à carde regorge de nutriments contre le stress. Riche en magnésium, elle réduit l'anxiété et se révèle efficace contre les émotions débordantes. On vous conseille de prendre une portion de 200 grammes de blettes par jour pour recevoir 40 % de l'apport journalier recommandé en magnésium.

3

DÉCEMBRE

8 h 29 16 h 51

St François-Xavier

“ L'idéal est pour nous ce
qu'est une étoile pour le marin.
Il ne peut être atteint mais
il demeure un guide. ”

Albert Schweitzer

Le kimchi

Connaissez-vous le kimchi ?
Préparation d'origine coréenne fabriquée avec des légumes fermentés (chou napa et daikon), elle est très riche en probiotiques (bons pour l'humeur), en minéraux, antioxydants et vitamines. Le kimchi est très efficace en cas de phobie sociale, à tester sans hésiter.

4

DÉCEMBRE

8h30 16h51

Ste Barbara, Ste Barbe

“ Je regarde mon monde.
Tout collabore à ma vie et à ma force.
Je regarde le système qui supporte
l'air et l'eau, la chaleur et le froid,
la lumière et l'obscurité.
Tout contribue à mon
bien-être. ”

Saint Ignace de Loyola

Oui aux couleurs changeantes

Installez des ampoules à couleur variable dans votre espace de travail ou de vie. Changez de couleur en fonction de votre humeur ou de l'heure de la journée pour influencer positivement votre état d'esprit, allant de teintes calmes le matin à des couleurs dynamiques l'après-midi.

« Le standard que vous dépassez est le standard que vous acceptez. »

David Hurley

Faites la paix avec votre passé

Pour aller de l'avant et mieux avancer, il est important de faire la paix avec votre passé. Sachez que vos frustrations actuelles, vos angoisses ou ce mal-être sourd au fond de vous peuvent très bien venir de votre passé. Ce sont des obstacles à votre bonheur. Parler de ce qui vous préoccupe pour le comprendre et ainsi vous en affranchir, c'est aussi un signe de maturité !

6

DÉCEMBRE

8 h 32 16 h 50

St Nicolas

“Les bonnes doctrines peuvent
se passer de miracles.”

Proverbe japonais

Savoir dire non

Votre bureau déborde
de dossiers, vous ne savez plus
où donner de la tête et vous devez
former la nouvelle stagiaire… Stop !
Déléguez ou jouez cartes sur table avec
votre patron, qui préférera largement
un travail bien fait à un travail bâclé
sous le coup de la pression.

7

DÉCEMBRE

8 h 33 — 16 h 50

St Ambroise

“ Le courage est comme
un muscle. On le renforce
en le travaillant. ”

Ruth Gordon

Expérimentez en cuisine

Laissez libre cours à votre créativité culinaire en essayant des associations d'ingrédients peu conventionnelles. C'est une manière amusante et savoureuse de se déconnecter des pressions quotidiennes.

Idée de recette : la tartine sucrée-salée ! Étalez du fromage de chèvre sur une tranche de pain grillé, ajoutez des tranches de fraise et de l'avocat, puis saupoudrez de pistaches hachées et d'un filet de miel. Dégustez cette combinaison inattendue pour un en-cas riche en saveurs et en textures.

8

DÉCEMBRE

8 h 35 16 h 49

Immaculée Conception

“ La vie ne va pas sans
de grands oublis ! ”

Honoré de Balzac

Un fruit très nourrissant

L'avocat est un allié de votre santé : il contient des vitamines B, C et E et régule le surplus de radicaux libres qui vous affaiblissent. Très actif contre le vieillissement de la peau, il combat également le stress. De plus, sa teneur en potassium et en magnésium règle vos problèmes de tension. Un concentré de nutriments naturels !

“ Il y a des remèdes pour
la maladie, il n'y en a point
pour la destinée. ”

Proverbe indien

Parlez !

Lorsqu'il faut affronter des soucis, le mieux est d'en parler. Autour d'un verre, expliquez vos ennuis à un ami et écoutez ses conseils. Vous adopterez certainement une autre manière de voir les choses, vous prendrez du recul et serez peut-être inspiré pour trouver des solutions auxquelles vous n'aviez pas pensé !

10

DÉCEMBRE

8h37 16h49

Ste Eulalie

“Plutôt que de penser
à ce que tu n’as pas,
pense à ce que tu peux
faire avec ce que tu as.”

Ernest Hemingway

Un dîner dans le noir

Organisez un repas dans l'obscurité totale pour réveiller vos autres sens. Concentrez-vous sur les saveurs, les textures et les sons de votre repas pour une expérience culinaire intensément présente et enrichissante.

“C’est en parvenant à nos fins
par l’effort, en étant prêt à faire
le sacrifice de profits immédiats en
faveur du bien-être d’autrui à long
terme, que nous parviendrons au
bonheur caractérisé par la paix et
le contentement authentique.”

Proverbe zen

On agit, c'est tout !

Aujourd'hui, décidez de ne pas vous préoccuper des résultats de vos actions, mais maintenez votre énergie dans l'action elle-même. Ne pensez pas pourquoi, comment et ce que cela deviendra, concentrez-vous seulement sur l'action. C'est un exercice puissant pour évoluer dans votre conscience.

12

DÉCEMBRE

8h38 16h49

St Corentin

“ Un enfant n'a jamais
les parents dont il rêve.
Seuls les enfants sans parents
ont des parents de rêve. ”

Boris Cyrulnik

Adoptez un bon équilibre alimentaire

1. Mangez en petites quantités ! Lorsque vous ressentez le besoin de remplir votre assiette, faites-le plutôt avec des fruits et des légumes frais.
2. Diminuez les lipides et les sucres ! N'oubliez pas qu'ils se cachent souvent dans les aliments industriels.
3. Buvez essentiellement de l'eau et limitez la consommation d'alcool !

13

DÉCEMBRE

8h39 16h49

Ste Lucie

“Tout homme qui marche
peut s’égarer.”

Johann Wolfgang von Goethe

Le bâillement : un allié méconnu contre le stress

N'hésitez pas à bâiller, surtout ne vous en cachez pas ! Plus qu'un simple réflexe respiratoire, bâiller augmente l'oxygénation du cerveau et favorise une détente profonde. D'ailleurs, ne soyez pas surpris si lors d'une séance de yoga, on vous encourage à bâiller. C'est une méthode reconnue pour relaxer le corps et éliminer le stress.

14

DÉCEMBRE

8 h 40 16 h 49

Ste Odile

“Je crois à l’effort persistant
et continu plus qu’aux coups
de collier sans lendemain.”

Jacques Barrot

Quelques perles de sagesse à méditer !

Toutes les émotions sont éphémères. Elles viennent puis s'en vont. Vous, vous restez, vous êtes là ! Donc vous n'êtes ni votre colère, ni votre joie, ni votre mental. Observez ceci doucement, sans juger.

15

DÉCEMBRE

☀ 8h41 ☀ 16h50

Ste Ninon

“ Ne pas imposer aux autres
ce qu’on est incapable de faire
soi-même. Ne pas exiger des autres
ce qu’ils sont incapables
de faire eux-même. ”

Maître Hsing Yun

Stop au contrôle !

Attention à ne pas vouloir toujours
tout contrôler, tout organiser, tout diriger.
Non seulement vous augmentez le stress
dans votre corps et votre mental, mais en
plus vous risquez d'étouffer vos proches
et de les mener à l'explosion
sous vos directives.

Comment ? Respirez et laissez faire !

“ Le présent serait plein
de tous les avenirs, si le passé
n'y projetait déjà une histoire. ”

André Gide

Astuce méditative

Tout ce dont vous avez besoin, c'est d'accepter ce qui est, ce qui se passe ici et maintenant. Vous serez en accord avec l'instant présent et avec vous-même. La paix intérieure vous remplira.

“ Le bonheur,
c’est de continuer à désirer
ce qu’on possède. ”

Saint Augustin

L'écriture automatique

Le psychologue canadien Nathaniel Branden nous invite à sonder notre moi intérieur pour nous améliorer au quotidien. Choisissez 5 phrases que vous allez terminer chaque jour pendant une semaine. Pour être plus épanoui, je devrais..., Pour être un meilleur collègue de bureau, je devrais..., Pour être une super maman (papa), je devrais... Au bout de 7 jours, vous aurez trouvé les réponses au fond de vous-même et vous verrez votre évolution. La répétition permet de solidifier ces affirmations pour en faire des tremplins à l'action.

18

DÉCEMBRE

8 h 43 – 16 h 50

St Gatien

“ Qui triomphe de lui-même
possède la force. ”

Lao Tseu

Pierre de lune

Portez sur vous une pierre de lune. Elle possède une action bénéfique qui aide à résister au stress et à contrôler les émotions négatives telles que la colère, la peur, l'angoisse. La pierre de lune apportera une solidité dans votre vie en vous protégeant des changements néfastes et des énergies malveillantes. Elle réglera aussi vos problèmes de sommeil.

“ Les nerfs, c'est un peu
du genre ficelle : ils résistent
tant que tu tires sur eux
modérément. Après…
ils cassent. ”

André Ber

Synchronisez-vous avec la Lune

Observer et vivre en harmonie avec le rythme de la Lune peut enrichir votre existence de manière surprenante. Lorsque la Lune est croissante, elle infuse de l'énergie, stimule la créativité et favorise le lancement de nouveaux projets. En phase décroissante, la Lune encourage plutôt la réflexion, aide à la libération d'énergie accumulée et favorise un état d'esprit tourné vers la sagesse. Adapter vos activités à ces cycles lunaires vous aidera à maximiser votre efficacité personnelle et à cultiver la paix intérieure.

20
DÉCEMBRE

8h44 16h51

St Isaac

« Le pessimisme
est d'humeur ; l'optimisme
est de volonté. »

Alain

Rien n'est définitivement figé !

Tout se renouvelle sans cesse. C'est un des principes de la vie et du temps. Ce principe est également valable pour nos soucis, nos malheurs, nos bonheurs, nos acquis. Accepter ce fait, c'est accepter les mouvements de la vie.

21
DÉCEMBRE

8h45 · 16h52

Hiver • St Pierre Canisius

« Croire en quelque chose
et ne pas le vivre,
c'est malhonnête. »

Gandhi

Apprenez à dire « je ne sais pas »

Nous ne savons jamais ce qui va arriver. Ne spéculez pas, ne vous montez pas la tête, ne vous inventez pas de catastrophes ni de merveilles car la plupart du temps, rien de tout cela ne se réalise. Restez simplement ouvert à toute éventualité, calme et curieux. Et autorisez-vous le droit de dire « je ne sais pas » !

22
DÉCEMBRE

☀ 8 h 45 🌅 16 h 52

Ste Françoise-Xavière

« Le plus lourd fardeau,
c'est d'exister sans vivre. »

Victor Hugo

Le pouvoir de votre existence

Peu importe les circonstances, bonnes ou mauvaises, il est crucial de prendre du recul et de recentrer votre réflexion sur l'essence même de la vie. Vous possédez un privilège incroyable : celui d'être vivant ! Chaque respiration, chaque mouvement de votre corps, et chaque action de vos cellules contribuent à ce miracle quotidien. Souvent sans en être pleinement conscient, vous participez activement au grand ballet de l'existence. Prenez le temps de reconnaître et d'apprécier cette énergie qui vous traverse pour mieux l'utiliser à avancer et à réaliser vos aspirations.

23

DÉCEMBRE

8 h 46 16 h 53

St Armand

« L'amoureux qui n'oublie pas
quelquefois meurt par excès,
fatigue et tension de mémoire. »

Roland Barthes

Moutarde zen

Pour entretenir la bonne forme de votre coeur, saviez-vous que la moutarde est un précieux allié ? Consommée en sauce ou sous forme de farine, elle participe au bon fonctionnement du système cardiaque. Vous pouvez même vous préparer des infusions à partir de la farine de moutarde.

24
DÉCEMBRE
8 h 46 16 h 53
Ste Adèle

“ Choisis bien tes mots,
car ce sont eux qui créent
le monde qui t’entoure. ”

Pensée navajo

Un cocktail qui sent Noël

Voici un cocktail simple et savoureux à servir pendant les fêtes : mélangez dans un shaker un peu de glace, un peu de jus de mangue et la même quantité de liqueur aux fruits. Filtrez la préparation et versez dans des flûtes. Ajoutez, avant de déguster, un peu de champagne pour rendre la fête encore plus folle !

“ Croyez en vous-même,
en l’humanité, au succès de
vos entreprises. Ne craignez
rien ni personne. ”

Baronne Staffe

Cure détox d'hiver : renforcez votre corps face au froid !

L'hiver est le moment parfait pour une cure détox qui réchauffe et fortifie. Pour les trois premiers jours, privilégiez les tisanes chaudes de thym ou de cannelle pour booster l'immunité. Continuez avec des plats réconfortants comme des potages de légumes denses et des ragoûts légers en graisses. Terminez avec une journée de repas légers, composée de bouillons et de purées de légumes pour faciliter la digestion. N'oubliez pas des promenades brèves mais vivifiantes pour revitaliser l'esprit autant que le corps. Voici de quoi traverser l'hiver avec vigueur et vitalité.

26

DÉCEMBRE

☀ 8 h 47 ☀ 16 h 55

St Étienne

“ Celui qui est le maître
de lui-même est plus grand
que celui qui est le maître
du monde. ”

Bouddha

Journal de stress

Aucun manuel pour lutter contre le stress ne vous a convaincu ? Pensez à tenir un journal de stress dans lequel vous noterez toutes les choses ou situations qui vous énervent et vous angoissent. D'une, vous serez soulagé de coucher votre stress sur papier et de deux, vous pourrez repérer plus facilement ce qui vous atteint et donc agir plus facilement dessus.

27
DÉCEMBRE
8 h 47 16 h 56
St Jean

“Il y a des fleurs partout
pour qui veut bien les voir.”

Henri Matisse

Pas de boule de neige mentale

Avez-vous déjà remarqué comme vous vous sentez tendu lorsque vous réfléchissez ? Les pensées qui galopent les unes après les autres, sans repos ni relâche ? Le souci est que plus vous examinerez de près une situation conflictuelle à vos yeux, plus vous vous transformerez en véritable pelote de nerfs. Dans ces moments il est très important de prendre conscience de la rapidité avec laquelle vos pensées négatives sont capables de s'emballer... et de prendre du recul.

“ Il n’y a personne qui soit
né sous une mauvaise étoile,
il n’y a que des gens qui
ne savent pas lire le ciel. ”

Proverbe zen

Chassez la peur !

Une méthode efficace pour combattre la peur est la pratique de la visualisation positive : lorsque vous ressentez de la peur, prenez un moment pour vous asseoir tranquillement et fermer les yeux. Commencez par respirer profondément plusieurs fois afin de calmer votre esprit. Ensuite, imaginez une scène où vous vous sentez complètement en sécurité et heureux. Visualisez tous les détails de cette scène, des couleurs aux sons, en passant par vos sensations. Cette technique aide à reprogrammer votre réponse émotionnelle face aux situations anxiogènes, en remplaçant la peur par un sentiment de paix et de sécurité intérieure.

29

DÉCEMBRE

8 h 47 16 h 57

St David

“ Tu dois vivre dans le présent,
te lancer au-devant de chaque
vague, trouver ton éternité
à chaque instant. ”

Henry David Thoreau

Maintenez un bon équilibre

Pour cela, il est important
de mesurer votre niveau de stress
afin qu'il ne devienne pas paralysant,
chronique et néfaste pour vous.
Deux à trois fois par jour, posez-vous
la question « À quel point suis-je
stressé, sur une échelle de 1 à 10 ? »
Vous arriverez ainsi à mieux
vous connaître.

30
DÉCEMBRE

8 h 48 16 h 58

St Roger

“ Le plaisir est le bonheur
des fous. Le bonheur est
le plaisir des sages. ”

Barbey d'Aurevilly

Pas trop de sport s'il vous plaît

Pratiquer du sport à très haute dose peut devenir une drogue. Au lieu de vous déstresser, cette pratique excessive va créer l'effet inverse. La grande fatigue peut être ressentie comme une menace par le cerveau et le corps interprétera ceci comme un stress intense… Donc, écoutez-vous, avant tout !

31
DÉCEMBRE

8 h 48 — 16 h 59

St Sylvestre

“Il ne faut pas mépriser
l'homme si l'on veut obtenir
des autres et de soi
de grands efforts.”

Alexis de Tocqueville